想 象 之 外 · 品 质 文 字

北京领读文化传媒有限责任公司 出品

MBA
轻松读 | 第二辑

商业计划

日本顾彼思商学院（GLOBIS）—— 著

米彦军 —— 译

ビジネスプラン

北京时代华文书局

图书在版编目（CIP）数据

商业计划 / 日本顾彼思商学院著 ；米彦军译．--
北京 ：北京时代华文书局，2020.2
（MBA 轻松读．第二辑）
ISBN 978-7-5699-3512-7

Ⅰ．①商… Ⅱ．①日… ②米… Ⅲ．①商业计划
Ⅳ．① F712.1

中国版本图书馆 CIP 数据核字（2020）第 009106 号

北京市版权著作权合同登记号　　字：01-2019-7665

[Shinpan] Globis MBA Business Plan
by Educational Corporation of Globis University,
Copyright © 2010 Educational Corporation of Globis University
Simplified Chinese translation copyright ©2020 by Beijing lingdu culture & media company
All rights reserved.
Original Japanese language edition published by Diamond, Inc.
Simplified Chinese translation rights arranged with Diamond, Inc.
through Hanhe International(HK).co,.Ltd.

MBA 轻松读：第二辑
MBA QINGSONG DU DIERJI

商业计划
SHANGYE JIHUA

著　　者 | 日本顾彼思商学院
译　　者 | 米彦军

出 版 人 | 陈　涛
选题策划 | 领读文化
责任编辑 | 张彦翔
装帧设计 | 刘　俊
责任印制 | 刘　银

出版发行 | 北京时代华文书局 http://www.bjsdsj.com.cn
　　　　　北京市东城区安定门外大街 136 号皇城国际大厦 A 座 8 楼
　　　　　邮编：100011　电话：010-64267955　64267677
印　　刷 | 北京金特印刷有限责任公司　电话：010-68661003
　　　　　（如发现印装质量问题，请与印刷厂联系调换）
开　　本 | 880mm×1230mm　1/32　印　张 | 11.25　字　数 | 255 千字
版　　次 | 2020 年 8 月第 1 版　　印　次 | 2020 年 8 月第 1 次印刷
书　　号 | ISBN 978-7-5699-3512-7
定　　价 | 62.00 元

前　言

本书是1998年出版的《商业计划》的修订版。当时有很多读者提出，"在创业和开创新事业时，如果有一本制定商业计划的指导手册就好了"，因此第一版《商业计划》应运而生。本书也贯彻了这一宗旨。

不论是旧版还是新版，针对的读者群体都不仅限定在创业者这一狭小的范围之内，而是面向所有的商务人士。因为不管是创业企业还是现有企业，制定商业计划的方法是基本一致的，而且我们坚信，只要出现充满活力、颠覆传统的全新商业模式，就一定能够改变日本，使日本的经济得到发展。

本书并非只是针对"商业计划（事业计划书）的写法"等表面上的技巧进行讲解，而是聚焦开创新事业的整个流程，从经营的多个具体环节——战略面、组织面、财务面——对"应该如何构想包括未来运营在内的成功事业"这一课题进行考察。从这个意义上来说，本书作为经营学的入门书籍，不仅对企业的新业务负责人和创业者有用，对普通的商务人士也大有裨益。

一、本书的结构及与旧版的不同之处

在第1章中，对商业计划的重要性以及商业计划的意义进行解说的同时，也对商业计划中应该包含的内容进行了整体概述。

从第2章到第5章，依次对制定商业计划时需要特别认真思考的四个关键——"愿景和使命、经营理念""商务模式和战略""金融""管理团队和领导能力"进行解说。

新版的主要变更点如下。

在旧版中，"愿景"单独为一章，由两节构成：第1节阐述了愿景的创建方法，第2节阐述愿景在各个阶段的发展。而在新版中，章节标题变更为"愿景和使命、经营理念"。这是因为我们认为除了愿景之外，使命和经营理念也是非常重要的因素，应该引起重视。在此基础之上，，第1节以愿景为主题进行了论述，第2节以使命和经营理念为主题进行了论述。

在旧版中，战略部分的章节标题是"商务体系和战略"，由"商务体系"和"事业战略"两小节构成。而在新版中，我们将战略部分分为"目标市场与提供价值""商业模式""事业战略""市场与运营"四个小节，进行更加详细的解说。毕竟战略部分是商业计划的核心内容，是财务计划的基础。

另外，我们在写作旧版时，"商业模式"这个术语尚未得到普及。因此，我们以"商务体系"这个概念为基础对事业的机制进行说明。但近年来，商业模式这个术语得到普及，被广泛应用于制定企业计划以及进行相关评价的场合。因此，在新版中我们直接使用"商业模式"作为章节的标题。

关于"金融"部分的内容，新版和旧版几乎没有什么变化。为了让读者更容易理解，我们在这一章中变换了一下论述的顺序。

关于人才和组织部分的内容，旧版用了很大篇幅对 HRM（人力资源管理）及领导能力进行了论述，但对于实际商业计划中 HRM 的体系并没有详细的说明。而且与旧版写作时不同，现在本系列又增加了专门说明 HRM 和领导能力的教科书（《领导力》等），因此，在新版中我们将说明的重点放在了实际制定商业计划时最需要重视的管理团队上。

由于时隔多年，业界的许多商务规则和情况都发生了变化，为了如实反映近年来的实际情况，在新版中我们对旧版中的陈旧案例进行了更新替换。

在旧版中，我们用了很大的篇幅对企业进入后成长期的应对措施（特别是企业愿景和组织层面）进行了论述。在新版中，我们将这些运营层面的问题通过其他书籍进行讲解，将说明的重点全都放在商业计划上。

二、对新版寄予的希望

顾彼思本身就对"商业计划"这个主题情有独钟。首先，顾彼思是一家成立于1992年的年轻企业，自实际制定商业计划并开展业务以来，时间并不长。另外，顾彼思每天都在积极地开展新业务，本书所写的内容正是我们认真思考并付诸实施的商海实战记录。

其次，我们从1996年开始开展风险投资业务，并且将业务重点放在早期投资上，因为我们不仅为企业提供资金，还要充分利用我们拥有的经营经验及网络来帮助企业成长，从人才、资金和经营经验等方面对我们投资的企业提供综合性的支援。

自从我们开展风险投资业务以来，收到了很多企业和创业者发来的商业计划。我们进行的风险投资数量已经多达几十个，其中还包括许多已经成功上市的大型企业。在这个过程中，我们发现给我们寄来的商业计划水平参差不齐，很多商业计划在制定过程中没有经过充分的研究。但其中有一些很有潜力的商业计划，在我们的帮助下具有很高的可行性，最终也会得到我们的投资。

因此，我们意识到必须对制定商业计划的人应该掌握的知识和技能进行总结，以便对他们进行正确的指导。这种想法也体现在本书之中。

本书在出版过程中，得到了诸多人士的建议和帮助。若没有旧版作者的辛勤创作，就不会有新版的出版。在这次新版出版之际，渡部典子女士提供了非常重要的帮助。钻石社编辑部的诸位对本书的内容提出了非常宝贵的建议。镰仓投资信托股份公司的 CEO 镰田恭幸先生、董事会成员资产运用部部长新井和宏先生对我们的采访给予了积极的配合。此外，还有很多在案例中匿名出现的企业和个人，都为本书的出版提供了巨大的帮助。借此机会向以上诸位表示衷心的感谢。

宏观环境发生巨变、IT 技术飞速发展、消费者需求更加细分化和个性化导致出现需求的多样化、发展中国家市场地位不断提升，现在的商机之丰富可谓是前所未有。

然而，随着商机的增加，竞争也愈发激烈。在现实的商业活动中，如果企业不能将商机转化为"赚钱并且生存下去"的机制，就没有任何的意义。现在的创业者不但要创业，还要在创业后不断地成长，这就需要创业者和新事业企划的制定者拥有根据未来发展制定战略以及事业构想的能力。如果本书能够对渴望在新事业上取得成功的人提供一臂之力，将是我们最大的荣幸。

顾彼思商学院

目 录
CONTENTS

第

1

章

商业计划的框架

绪言：有备（商业计划）无患

商业计划不仅仅是一份资料。

商业计划是"事业的缩图"，里面凝缩了一项事业的精华。与此同时，商业计划也是制定该计划的人思考过程的结晶。有时候，经营者会利用商业计划检查事业是否进展顺利，如果有必要就根据商业计划对其进行修正。有时候，创业者会利用商业计划叩开投资者的办公室大门、将其作为获取投资的工具。

不论将商业计划用于何种目的，其中都包含着负责新项目的部门经理或者创业者的智慧。因为商业计划的好与坏直接关系到项目的进展以及其自身的前途。这样说一点也不夸张。

假设眼前有两个商业计划，其中一个读完一遍之后完全搞不清楚事业的概要，另一个则对市场以及竞争对手的状况、财务预测、商业模式、事业战略等进行了恰到好处的论述，让人对事业状况一目了然。如果其他条件完全相同的话，相信任何人都会选择第二个商业计划吧。因为读者能够从这份商业计划上感受到作者对事业的理解程度和热情，以及对突发事件的准备。

　　成功的企业或者企业经营者、部门经理，或多或少都理解商业计划的重要性。他们知道一份优秀的商业计划作为筹措资金的手段、实战性计划书以及市场营销的工具究竟多么有用。更重要的是，他们知道在制作过程中越是对商业计划的细节进行深究，事业的成功率就会越高。

　　开创新事业是一件很难的工作，失败的可能性很大。但是，即便不可能将风险降低为零，也可以通过事先制定周密的计划，将风险降低到最小限度。商业计划是从假设出发，一旦状况发生了改变，假设也很有可能不再正确。因此，应该将商业计划作为验证假设的工具，在事业进展的每一个节点都对其有效性进行验证，对事业的发展方向进行调整。能够做到这一点的企业和经营者，就有很高的概率取得成功。

　　在本章中，首先在第1节对商业计划的意义进行确认，并对准备阶段的注意点进行解说，然后在第2节中，对商业计划中应该包含的项目进行简要的说明。通过上述内容让读者对商业计划有一个切实的把握。

商业计划的意义

制定商业计划的目的各种各样。因制定商业计划的目的不同，其内容、结构、深度等也各不相同。制定一个高质量的商业计划，对实际事业的成功大有帮助。

案例

以盖浇饭作为主打商品的日本料理连锁店"樱本"，主要的顾客群体是工薪阶层和学生。虽然这家店的面积很小，座位数也不多，但因为出餐的速度很快，所以即便在繁忙的时间段，客人也几乎不用等待。而且这家店的价格合理，口味也还可以。因为随时随地都能品尝到物美价廉的食物，深受顾客的青睐。

从顾客的性别结构来看，男性顾客占绝大多数。发现这一点的经营层开始思考："如果着力宣传日本料理有益于健康，并以此为卖点的话，这种新的经营模式必然也能够吸引女顾客。"于是，经营层在公司内跨部门召集骨干员工，成立了一个特别项目组。

专门负责新店扩张业务的佐藤也被调到特别项目组之中，并担任组长。在佐藤的指示下，小组成员们迅速地展开了市场调查。佐藤小组根据市场调查的结果，经过反复讨论，决定开发以蔬菜为主、采用富含胶原蛋白的食材的菜单，同时按照女性的喜好设计店铺，营造一个人前来就餐也不会感到尴尬的店铺氛围。佐藤向经营层提交了这个商业计划，立刻得到了经营层的同意。

之后，新开店铺的准备工作进行得非常顺利。因为樱本已经有一套成熟的新店扩张方法，佐藤小组只要沿袭这一做法即可。而且樱本在食材采购、店铺运营和员工管理等方面有着丰富的经验。佐藤小组可以充分利用这些优势。

就这样，佐藤小组在东京市中心的商务街开了1号店，开业第一天就取得了开门红。以蔬菜为主的菜品广受好评，成功地吸引了女性顾客进店。有鉴于此，樱本决定今后以东京市中心为主，逐步开设2号店、3号店……

* * *

新的营业模式一举获得成功，樱本的公司高层非常高兴，决定给佐藤领导的项目组下达新的任务。那就是用上述新的营业模式在国外开连锁店。

樱本的高层认为，如果只是依靠少子高龄化现象日趋严重的日本国内市场，很难获得进一步的发展。因此，进军海外市场是迟早的事。以寿司为代表的日本料理在海外大受欢迎，这对樱本来说可谓是天赐良机。

于是，樱本的高层向佐藤项目组下达指示，要求其尽快分析在亚洲各国开设店铺的可行性。

佐藤项目组最先想到的海外市场是日本的近邻韩国。自从2002年日韩两国共同举办了世界杯足球赛之后，两国的交流急速发展。日本甚至出现了韩流热潮，而韩国来日本旅行的人数也越来越多。在日韩友好的大环境下，再加上日韩两国拥有相似的饮食文化，因此，佐藤项目组认为樱本的菜品在韩国肯定也会大受欢迎。

佐藤项目组的成员们立刻委托韩国当地的调查公司收集相关信息，并且针对目标顾客群体举办试吃会，确定韩国人也能够接受菜品的口味。

一直以来，樱本就特别重视量化管理。因此，在商业计划书中，必须通过预估损益表、收支平衡点、投资回报率的财务评估等数字来支撑自己的观点。

佐藤以迄今为止樱本在日本国内取得的实际业绩为基础进行了营业模拟，制作出了几个预估损益表。他对菜品的味道很有自信，因此相信只要再通过周到的"日式服务"实现与其他竞争对手的差异化，就一定能够取得理想的业绩。

樱本将业绩第一且会说一点韩语的年轻店长山田以及在总部负责菜品开发的厨师长派往海外1号店，佐藤项目组全体成员作为顾问随行。

* * *

然而，当一行人抵达韩国准备开店时，却遇到了各种各样的问题。

项目组之前预约的店铺已经被租出去了，而闹市区位置好的商铺租金很贵，接近当初预估金额的两倍。对于餐饮店来说，位置对销售额的影响非常大。"简单""便捷"在日本也是非常重要的因素，因此绝对不能将就。山田委托了多家地产中介寻找店铺，最终虽然租金比计划更高，但总算是解决了店铺的问题。

在商业计划中，为了控制价格，原本计划在韩国当地采购食材。然而，负责对当地员工进行料理指导的厨师长却提出，使用在韩国当地采购的食材和用日本食材做出的味道有微妙的区别，这样就做不出樱本的味道。山田试图劝说厨师长选用韩国当地的食材。但厨师长却根本不买账，直接和总公司的相关负责人进行了谈判，该负责人认为"在国外连锁店营业，也要味道正宗，决不能砸了樱本的招牌"。于是，樱本韩国分店决定部分食材直接从日本进口。

由于上述种种原因，收支计划完全被打乱了。

随着更换开店场所，成本以外的问题也浮出了水面。在新店铺的附近，有一家叫作"佐久本"（日语发音是"sakumoto"）的日本料理店，和樱本（日语发音是"sakuramoto"）的发音十分相似。但这家店的菜品价格不菲，而且以"料亭级别的服务"作为卖点。

樱本的菜品是面向大众的，价格也比较便宜，所以在客户群体上和佐久本之间并不存在冲突。但樱本强调的日式服务若与佐久本料亭级别无微不至的服务相比，则很容易给人留下一种不伦不类的印象。

山田和厨师长为了实现樱本和佐久本的差异化可谓是绞尽脑汁。

他们先是在店铺的标志和用色上下了一番功夫，同时下大力气宣传樱本是"美味、快捷、方便的大众日本料理店"。本来他们还想在宣传中加上"便宜"二字，但由于经营成本意外上升，导致菜品价格不可能太便宜。

尽管山田和厨师长想尽办法应对各种各样的问题，但商业计划和现实之间仍然存在着巨大的差异。只是机械化地将所需项目填进去的商业计划，在现实的经营活动中根本派不上用场。虽然总部的经营层不断地催促，但山田开始感觉到应该沉下心来再好好调查一下韩国当地餐饮市场的实际情况。

到了这个地步，樱本韩国分店已经没有退路。全店从上到下不分昼夜地为开店做准备，招募员工、进行培训、广告宣传、检查细节……在众人的不懈努力下，樱本的海外1号店终于正式开业。

由于宣传工作十分到位，开业第一天来的顾客人数还算可以。和预计的一样，前来光顾的大多是工薪阶层和年轻人，而且对味道的评价也不错。

然而好景不长，客人的数量逐日减少。山田采取了派发传单、打折促销等措施拼命地进行宣传，厨师长也重新修改了菜单，还努力地尝试下调平均价格。尽管采取了诸多尝试，但顾客的数量还是没有增加，回头客更是一个也没有。

后来通过向来店里的客人进行调查采访得知，樱本为了强调与佐久本的不同之处而大力宣传的"美味、快捷、方便的大众日本料理店"这一经营理念并没有被韩国人所接受。

在韩国，有许多比樱本更快捷、更方便，价格也更大众化的餐饮店。在互联网上，顾客对樱本的评价大多是"没有期待中那么好""口口声声说上菜快，就餐方便、快捷，其实一点都不快""价格也不是那么便宜，很难说是大众化日本料理"。山田费尽九牛二虎之力进行宣传，结果却事与愿违，给顾客留下了不好的印象。

就在这个时候，店里的员工又突然集体提出辞职的要求。理由是店里对员工的行为举止等服务方面的要求过于严厉，而且加班多，薪资待遇也不让人满意。其实，山田感觉自己在对待韩国员工上很小心翼翼，比在日本对待日本员工时更注意细节。但由于存在语言障碍，他无法和韩国员工充分地进行沟通。考虑到员工的培训成本，山田无论如何都想避免从头开始的情况发生，虽然他拼命挽留，但很多人还是走了。

之后，众人努力想要改变韩国顾客对樱本的负面印象，但状况一直没出现好转，也看不到扭亏为盈的希望。结果没到一年，樱本就被迫撤出了韩国市场。

注：上述案例是以真实存在的企业的真实经历为基础整理归纳而成。笔者在不影响案例内容精华部分的情况下对细节部分进行了修改。另外，文中使用的数值等和实际有所不同。

一、为什么要制定商业计划

商业计划是针对今后要开展的事业（或者是刚开始不久的事业）系统地总结出基本概要的文书。换句话说，商业计划就是事业将来的蓝图。制定商业计划的目的多种多样，但最终的目标可以归纳为以下三类。

• 通过将商业计划提交给投资者、银行或者自己公司的高层，让他们提供开展新事业所需的经营资源（人力、物力、资金、信息），特别是资金。

• 在开展事业之前再一次检查商业计划，如果有必要的话就对其进行修改。或者在事业已经开展之后，通过商业计划确认事业是否在按照计划进行。

• 将商业计划作为和卖方或者买方等客户进行交易时的工具。

创业者或者负责成立新事业的部门经理（以下将这些人统称为"新事业负责人"）在很多情况下，都是亲临一线的实干家，而非理论家。因此，制定商业计划之类的文案工作，往往会给他们的心理造成很大的压力。

然而，对新事业负责人来说，制定商业计划及制定商业计划的过程本身都是非常宝贵的经验。理由如下。

• 在制定商业计划的过程中，必须系统地思考事业成功的关键以及所需的经营资源等，这可以积累丰富的经验。

• 通过将头脑中模糊的想法用语言来表达并将其可视化，可以发现其中存在的矛盾，从而进行更加具体的思考。

• 通过制定商业计划，可以将能够想到的失败（并非在实际事业上的失败）锁定在纸面上，事先制定出周到的计划，做到防患于未然。也就是说，可以获得有助于降低事业风险的经验。

在制定商业计划时，特别需要注意以下四点。

关于这部分的详细内容我将在第2章以后为大家进行说明，这里仅以樱本进军韩国的案例为题材，对这四点的重要性进行简单的阐述。

（一）愿景、使命、经营理念是否明确

愿景指的是一种具体的目标或状态，比如"在2020年成为××行业的世界领军企业"就是最典型的愿景。

使命指的是企业或某项事业想负责任完成的任务，比如"消除地球上所有国家的贫困"就是一个典型的例子。

经营理念就是企业的生存信念、哲学和经营态度，比如"不断向创造新的价值发起挑战，开创商业的新局面"就是经营理念。在企业内部开展新业务（内部创业）时可以提出独具特色的愿景和使命，但是经营理念基本上要和总公司的经营理念保持一致。

在樱本的案例中，韩国连锁店属于公司内部的新事业，基本上沿用了总公司的愿景、使命、和经营理念。但韩国连锁店没有提出适合自身情况的愿景，因此很难说在提高韩国员工的工作积极性和公司的凝聚力上是成功的。

（二）是否就产品、服务、商业模式、事业战略、市场营销、公司运营等制定了详细的计划

这些都是商业计划的核心内容。向顾客提供怎样的产品和服务（提供什么价值）？如何建立盈利的商业模式（商业机制）？在市场上以什么作为武器进行竞争？具体来说如何获得顾客？如何进行运营？上述问题都必须认真地思考。当然，在思考这些问题时不能想当然，而是要以市场的实际情况以及业内专家的市场预测等值得信赖的根据为基础进行思考。

在樱本的案例中，公司高层应该从向韩国顾客提供的价值、竞争环境、和竞争对手实施差别化经营等方面，对在韩国开连锁店的可行性进行深入思考和讨论。但公司高层未经深入思考就批准了在韩国开连锁店的计划，甚至在山田等人已经感觉到有必要重新考虑该计划时，仍然一意孤行地坚持实施原计划。虽然商业活动确实存在"机不可失、失不再来"的情况，但作为有可能影响公司的发展方向以及品牌形象的项目，

这样的商业计划未免有点过于粗糙了。

（三）有没有雄厚的财力作后盾

商业活动归根结底，必须"持续产生现金流"。因此，企业经营者在思考事业是否能够盈利的同时，还需要认真研究资金计划（能够满足资金需求的资金筹措计划）。

在樱本的案例中，虽然项目组也进行了财务模拟，但是对前期投入所需资金的预测过于乐观。虽说没有人在开创新事业的时候希望失败，但也不能因此就对可能影响事业盈利情况的前期投入和左右事业存续的要因做出盲目乐观的预测。

在本案例中，虽然出现了商铺租赁难和附近存在名称相似的竞争对手等不走运的情况。但樱本仅靠自己一厢情愿认为是可行的前提条件（实际上是"希望如此"的前提条件）就草率地完成了可行性论证，这种乐观的态度导致对可能出现的风险准备不足。尤其是在本案例中，因为商业计划的制定者和执行者不同，所以更应该根据事业的实际情况及时地对财务计划进行修正。

正如在本章"绪言"中指出的那样，开创新事业是一项难度很大的工作，失败的情况十分常见。但是，即便不能把风险降到零，只要事先制定周密的计划并及时进行修正，仍然可以降低风险。这是所有新事业负责人都应该牢牢记住的关键。

（四）有没有可靠的管理团队和负责人

开展商业活动的是人。在开创新事业的时候，管理团队特别是负责人的作用非常关键。这是因为新事业负责人在决定事业的发展方向、人才培养、经营资源筹备等方面承担着核心的作用。可以毫不夸张地说，只要包括负责人在内的管理团队非常可靠，即便当初的商业模式和经营战略没能按计划发挥出应有的作用，管理团队也能够灵活地对其进行修改。由此可见，人的因素在其中起着至关重要的作用。

一位资深的风险企业投资人说，在对投资进行决策之际，要将人的因素考虑到60%至70%的比重。

在本案例之中，樱本将稍微会讲几句韩语，并且在日本取得了一定业绩的山田派往韩国，但山田是否是一个具备开创新事业能力的人才？公司是否拥有让员工发挥创业者精神的配套制度？是否给这些员工提供了相应的培训机会？这些都存有疑问（当然，从人事的角度来说，将责任都推到身为中层管理者的山田身上是有失公允的）。

今后，将有很多日本企业进军海外市场，除了出口之外，本地化和地产地销的机会也会越来越多。在这种情况下，全球化的管理人才需要具备外语能力、与不同文化背景的人进行交流的能力、合理的主见以及逻辑思考能力。如果不考虑这些因素，仅凭某个部门经理在国内的某项事业中获得过成功就轻率地派其到国外是非常危险的做法。曾经在事业上取得过成功的经验和技术固然重要，但这些经验和技术是否适用于新事业则需要仔细地探讨。

二、针对不同的读者采取不同的应对措施

在制定商业计划时，有必要根据目的适当地改变结构和表现形式。

比如，将商业计划用作公司进行营业时的工具，就要强调公司事业积极的一面。如果用来筹集资金，就要向投资者公开详细的事业发展计划（有时候甚至需要准备多种方案）和事业存在的风险以及债务的担保方法等，可能还要用到固定的格式。此外，资金筹集是以贷款为主还是以投资者为主，内容也会有所不同。

因此，在制定商业计划时，要明确自己的目的，同时还要正确地认识到谁是商业计划的读者。也就是说，在撰写商业计划时要着重考虑读者最关心什么，以此为基准调整内容。

接下来，我将为大家介绍不同的读者有什么样的想法，对哪些内容感兴趣，以及相应的商业计划的制作方法。同时我也将各种状况下的FAQ（经常被提出的问题）罗列了出来，供大家参考。

（一）在公司内部申请资金及经营资源的情况

公司内部的新事业和独立的风险企业的商业计划在审核时的流程基本相同。二者最本质的区别在于，前者要求提供包括资金在内的全部经营资源，而后者基本上只需要提供资金。此外，事业成功与否对商业计划制定者今后的影响也完全不同。独立的风险企业创业者如果获得成功的话，创业者本人能够获得巨大的收益（在很多情况下，独立的风险企

业的中期目标就是将股票上市）。反之，如果失败的话，创业者也有在经济上陷入困境的风险。

在公司内部开展新事业的情况下，除非该公司有对成功者给予奖金的奖励制度，否则新事业的成功并不会直接给个人带来很多金钱上的收益，不过会在人事考核方面带来积极的评价。

企业的经营者可能会因为在企业内部研发新技术和新产品或者经过客户介绍等契机开始发展新事业，但最终的目的无非是扩大销售额或者分散企业风险。

事实上，有很多企业为了安置因部门调整出现的冗余人员而开展新事业，但贸然开展新事业的企业基本都以失败告终，由此可见，企业在开展新事业的时候必须在计划、执行、人才等所有的方面都投入最高级别的经营资源才有可能取得成功。谁都不敢断言在企业内部开展新事业会比独立型风险企业成功的概率更高。虽然企业内部的新事业在资金、人才以及社会认可度的形成等方面会有一定的优势，但过多的管理要求、执行团队缺乏独立自主的权限等不利因素也并不少。

大企业的内部新事业在形式上可以分为两类，分别是在企业内部设立新的项目部门以及成立子公司。在成立子公司的情况下，由于要考虑到外部流失费用（合并结算的话则不必考虑）及发行股票等因素，这就超出了一个事业部门所能决定的范围，必须由整个公司来进行研究。

一般来说，新事业需要在董事级别的干部出席的经营会议上得到批准之后才能开始。但就日本企业的情况而言，不能一上来就将计划提交给董事会，而是要先和相关人员进行沟通和咨询，得到他们的支持。因此，商业计划的制定者也必须考虑到这一点，避免计划在初期的沟通阶段就被否决掉。

在企业经营会议上，高层会对企业内部的新事业固有的重点内容（也就是与独立风险企业不同的地方）进行讨论。企业内部的新事业固有的重点内容包括以下几个方面。

1. 与公司中长期战略的一致性

企业定期地将经营方针总结为中长期计划，确定今后的发展方向（这里所说的中期一般是指今后三至五年的时间，长期是指五至十年的时间）。企业会对明确记录在中长期计划上的企业愿景和新事业计划之间的一致性进行审查。

比如，某商社的中期愿景是"去销售化"，如果员工仅仅提出进口业务的提案，得到批准的成功率就会很低。

2. 与其他部门的协调性

必须考虑与企业现有经营资源之间的关系，也是公司内部新事业与独立型风险企业之间最大的差异。因为这不仅意味着能够有效利用现有的经营资源，通过规模经济效应来降低成本，更是对现有部门存在意义的一种尊重。

应该考虑到的协调性包括技术协调、品牌协调、人才协调、流通渠道协调等，关系到企业活动的方方面面。在考虑协调性的时候，不仅要考虑到如何利用好现有的经营资源，更要考虑到随着新事业的发展，能够给现有事业带来哪些好处。

近年来，许多企业为了追求多元化而开始进军与现有部门缺乏协调性的事业以及无法发挥自身核心竞争力的事业，结果都以失败告终，股东对这样的企业纷纷敬而远之。

3. 失败以及撤退的定义

对于独立型风险企业来说，除非创业者自己的资金耗尽，否则只要他想坚持下去，其他人很难阻止。但对已经拥有许多事业的企业来说，为了不给其他事业带来负面的影响，决定应该在什么时候从失败的事业中撤出非常重要。比如累计损失 ×× 亿日元，或者三年后市场占有率在 ××% 以下等都可以作为判断的依据。

FAQ：

• 我们公司开展这项事业的意义是什么？

• 开展这项事业存在怎样的风险？

• 需要哪些新的经营资源？

• 符合我们公司股东的意向吗？

• 什么时候开始可以取得多少经济效益？

（二）作为企业内部管理工具的情况

在很多刚刚起步的企业或者事业部门之中，愿景和经营战略只存在于新事业负责人的大脑之中，根本没有像新事业负责人想象的那样传达给了成员们。实际上，即便对于人数很少的团队来说，沟通不充分的情况仍然很常见。在这种情况下，要在短时间内取得竞争优势并实现盈利无异于白日做梦。新事业负责人必须尽可能地让其他成员明白自己的想法。

首先要再次明确愿景、使命、商业模式及经营战略等内容，并且让其他成员理解。因为让每个成员都理解公司前进的方向及自己在公司中的定位，积极地完成自己承担的工作任务，比任何事情都重要。

通常，在明确产品、服务以及事业计划之后，还要将具体的战略、实施计划制作成文书。通过制定商业计划，新事业负责人就能够将自己大脑中的想法具体化。然后根据商业计划进行PDCA（戴明循环），推进事业向前发展。这样一来，即便新事业负责人没有事无巨细地做出指示，组织仍然可以根据共同的目标和计划采取行动。

FAQ：

• 我们应该朝着怎样的愿景努力，按照什么经营战略采取行动？

• 判断经营战略是否在起作用的重要的经营指标（KPI）是什么？

• 成员们是否以饱满的工作热情开展业务？

（三）向银行申请贷款的情况

不论银行还是向银行出资的人（存款人）都是以保本保息为前提进行融资的。因此，银行非常重视资金的安全性，在融资之际必然要求借款者提供担保。企业从银行得到贷款之后，可以用于购买设备或者作为运营资本，用途各种各样。

银行能够提供的贷款金额有一定的限制，风险企业创业者个人凭信用能够贷出的金额大多在数百万日元至5000万日元左右。贷款审核期限大概是几周时间。另一方面，企业内部成立新事业的时候，根据企业本身的状况能够贷到数亿日元到数十亿日元。

银行会严格调查融资对象的每月的收入及支付是否稳定，是否能够获得充足的利润用来偿还本金和利息。同时，银行还会对事业能否长期稳定运营，将来是否能够持续产生利润进行严格的审查。银行会要求贷款方提供过去至少12个月的资金流水表。在提交给银行的商业计划中，要明确写出每个月的收入和支出的流水明细，证明事业能够取得足以支付银行贷款本息的利润，这一点非常重要。当然，如果有能够用作担保的资产，一定要在商业计划中明确地写出来。如果有能够为自己公司的信用做背书的客户也应该明确地写出来。

FAQ：

• 过去的业绩怎么样？

• 需要多少资金？打算怎样筹措资金？

- 有没有可作担保的资产？

- 专利是在谁的名下？

- 和什么样的客户有业务往来？

- 有没有信用保证协会之类的担保？

（四）向风险投资资本请求出资的情况

VC（风险投资）为的是助力风险企业取得成功从而获取巨额利润。风险企业是否有上市的可能？是否能够通过出售等方法回收资金？这两点是风险投资最关心的问题。

VC 向风险企业投资的金额从1000万日元到数亿日元不等。审核时间通常为六周到八周。这些资金足够企业的起步和初期发展。如果事业发展顺利，VC 还会进行追加投资。VC 经常会同时投资很多风险企业，据说在十家风险企业中只要有两家成功上市就能够收回投资利润（但这一点也因 VC 的方针不同而存在着很大的差异）。

VC 的很多资金都是通过投资事业组合基金筹集来的，因此，回收资金的期限非常严格。如果期限到了，VC 必须对基金进行清算，向投资者偿还本金并支付利息。因此，在向 VC 申请资金时，必须事先说明自己将在什么时候，以什么样的方法回收资金。

当然，VC 非常希望创业者的事业能够成功。所以 VC 会严格审查所投资事业的发展潜力、收益性以及创业者是否具备实施商业计划并获得成功的能力。因此，在向 VC 提交的商业计划中，要明确指出市场的发展潜力、事业的发展潜力和收益性以及新事业负责人过去的业绩等。

FAQ：

• 潜在的市场规模有多大？

• 要实现销售目标打算采取什么样的营业方法？

• 是否考虑进军海外市场？

• 打算面对什么样的顾客群体？

• 现在的股价有多少价值？

• 股东结构是怎样的？

• 打算什么时候上市或出售事业？

（五）向天使投资人申请资金的情况

天使投资人是指自掏腰包的个人投资者。他们不像风险投资那样需要通过向其他人集资成立基金，设定期限进行投资，而是可以根据自己的判断进行投资，还没有设定期限。天使投资人投资的是创业者的梦想，并对创业者给予支持。

天使投资人因为完全由个人判断是否投资，所以决策的速度很快。但天使投资人能够提供的资金较少，一般在几百万日元到1000万日元左右，比较适合作为开发资金或者起步资金。天使投资人要求创业者有新的创意，事业有发展潜力且符合自己的价值观，对创业者的资质有较高的要求。因此，提交给天使投资人的商业计划要重点突出创业者的愿景、使命、经营理念、事业的创新性等。

商业计划即便对细节描述得不是很完善，仍然可能得到天使投资人的投资。而且初创企业在法人组织化之前，还可以向天使投资人进行咨询。很多天使投资人都拥有创业的经验，能够给创业者提供许多宝贵的建议。此外，创业者还可以通过天使投资人的人脉认识风险投资，筹集更多的资金。

FAQ：

• 你的梦想是什么？

• 你想创业的契机是什么？

• 以谁为中心开展事业？

• 你与赞助者之间的关系怎么样？

• 你与合伙人的关系怎么样？

三、制定商业计划的顺序

虽然在制定商业计划时并没有固定的流程，但由于商务计划对新事业的发展会产生很大的影响，所以还是希望新事业的相关成员或多或少都能够参与到商业计划的制定工作中来（从这个意义上来说，樱本的案例完全是反面教材）。

这样做不但能够让所有成员发挥出自己的优势，通过讨论产生崭新的创意，还可以在商业计划制定的过程中，让团队成员共享问题意识和价值观，使得开展事业后，大家都能朝着共同的目标迅速做出决策。而且，在出现问题时，因为大家都参与了商业计划的制定工作，应对和解决问题的速度也会更快。

在实际的商业活动中，最常见的商业计划制定方法是与经营相关的各个成员分别制定自己负责的部分，然后每个人都将其他成员制定的部分通读一遍，相互检查。在这种情况下，需要选出一个人（一般来讲是开展新事业的核心人物）掌握和统筹全局。

制定商业计划的时候还有一个不可或缺的步骤，那就是在最终完成之前或者在制定过程中一定要请第三方提出建议。这里所说的第三方是指会计师、管理顾问等专家，或者新事业负责人的前辈、上司、熟人，有的时候还包括客户。这样做最大的好处是可以让第三方指出商业计划的制定者们没有发现（或者不知道）的在事业运营上的问题点以及外部环境的动向。

另外，第三方还可以站在读者的立场上判断商业计划的内容是否通俗易懂，视觉效果是否直观，以及是否在读后能够留下深刻的印象。有时候，商业计划的制定者之间已经就各种各样的前提达成了共识，所以难免会出现对某些内容说明不够充分的情况。事先将商业计划给第三方看，就可以有效地解决这些问题。

最后需要指出的是，当商业计划可能涉及一些法律法规的时候，应该将商业计划拿给法律顾问（律师，有的时候还包括商标注册师）进行检查。对外行人来说，法律问题非常复杂，为了不违反法律，最好的办法就是向法律专家征求意见。特别是对于法规的变化会给新事业和知识产权带来利好的商业活动来说，向法律顾问进行咨询更是一个非常重要的步骤。

四、制定商业计划之际需要注意的问题

前文中已经说过，在制定商业计划的时候必须考虑读者对象。除此之外，还需要注意以下的问题。

商业计划是应该经常变更的"进行时文档"。因为市场、产品、经营状况时刻都在发生变化，投资者和银行也都会要求商业计划制定者提供最新的信息。因此，在制定商业计划时不要一开始就定死项目、页数，而是要做成易于更改的形式。

归根到底，商业计划只不过是实际开展业务时的基本计划，所以在制作时千万不能为了追求体裁和格式上的复杂与精致而忽视了实用性。身为制定者，要时刻留意"这份商业计划作为指导事业实施的指南是否实用"。

要求提供资金的风险企业的商业计划要特别注意准确性。为风险企业提供资金的投资者、银行或者打算开始与该风险企业进行业务往来的企业是在向"陌生人"进行投资或者进行交易。为了引起他们的关注进而得到他们的信任，风险企业的商业计划必须把握准确的数字和真实情况。

商务计划的构成

要 点

商业计划没有固定的格式。尽管如此,为了实现上一节所讲的目的,还是需要从各个视角进行综合性、归纳性的论述,以便掌握今后要开展的事业的整体情况。另一方面,为了让读者理解整体的内容,言简意赅也很重要。

案 例

D公司在软件行业是一家小有名气的老牌企业。上个月,D公司正式导入了内部创业制度,打算利用公司内部具有创业精神的人才开展新事业。因为同行业的其他公司都相继引进了类似的制度,所以D公司认为"我们在这方面也不能落后"。早在四个月之前,D公司就通过对其他公司的咨询和内部问卷调查等进行了一系列的准备工作。之后为了选出新事业的负责人,制定新事业的大体框架计划,又花费了三个月的时间。以下是D公司新事业的计划要点。

- 事业计划经过必要的审查后,由提出者向包括几名董事在内的经营委员会进行说明后决定是否采纳。

•事业计划可以是企业内新事业的提案、设立新公司的提案或者为独立创业申请资金援助。

•为了事先对事业计划进行审查，并在必要的情况下提出改善的建议，成立新事业企划室。成员暂时为室长1人、助理1人。

提出者不会因提交了事业计划在人事考核上受到影响，此事绝对保密。

原则上，事业计划书（商业计划）的格式可自由选择，不过新事业企划室准备了几套典型的模板可供参考。

* * *

丸山："您好，这里是新事业企划室。"

铃木："您是丸山室长吗？我是关西销售部的铃木。半年前，我和几个朋友开始做护理事业，我担任顾问。现在，我们正考虑增资的问题，已经得到了一些熟人的支持。我听说这次公司制定了新的制度，如果可能的话，希望能考虑一下是否可以给予我们资金援助。我们的这个事业虽然和 D 公司的主营业务没有直接的关系，但是我相信这个事业有很好的发展前景，可以提高公司在社会上的形象。"

丸山："是吗？也就是说你们的新事业已经开张了，是吧？我想了解一下具体的内容，您手头有商业计划吗？"

铃木："有。我们准备了用于介绍事业内容的商业计划。可以给我们一个说明的机会吗？"

丸山："请把商业计划给发过来吧。我先审核一下这项事业的可行性和市场前景。"

铃木："没问题，我马上用 PDF 格式给您发过去。"

丸山："好的。"

过了一会儿，丸山室长就收到了铃木发来的电子邮件。

丸山："这就是铃木的商业计划吗？作为商业计划来说，内容也太少了。不过页数有多少无所谓，关键看内容。"

铃木的商业计划如图表1-1，各项内容只是写了一点点概要，既没有支撑论点的根据，也没有关于调研的内容。

图表 1-1 铃木的商业计划

公司概要（第1页）

    – 公司名称

    – 地址

    – 公司设立的年月日

    – 资本金

    – 股票发行数

    – 董事长

    – 业务内容

组织图（第2页）

商业计划（第3页）

    – 事务所所在地

    – 职员

    – 营业时间

    – 服务内容

    – 客户人数

    – 设立新事业的主旨

    – 事业的竞争优势

中期事业构想（第4页、第5页）

    – 事业战略

    – 事务所扩张计划

    – 合作 / 网络战略

    – 销售计划

    – 人员计划

    – 事业展开的时间表

收支预测（附录3页）

    – 损益表 / 月次 /2年份

丸山："嗯……事业刚开始的半年间，每个月的现金流一直是赤字。这倒也情有可原。但就算开工率100%，似乎也赚不到多少利润。再来看看战略吧。事业构想基本能看懂，但市场情况如何呢？完全没有写。都有哪些竞争对手？价格设定和服务的差异化都考虑好了吗？员工部分也只写了姓名，但他们究竟有哪些职业经历和技能呢？而且连负责人的简历也没有。这样完全无法判断这个项目是否适合投资。不过，考虑到今后老年化社会的到来，虽然上门护理行业的竞争会更加激烈，但这确实是一个充满成长潜力的市场。给铃木再打个电话仔细问一问吧。"

* * *

丸山："您好！是铃木先生吗？我是丸山。我收到了您发来的商务计划，非常感谢。有一些想和您确认的内容。首先我想问的是这项事业的市场规模和发展前景怎么样？"

铃木："市场规模很大，据说今后有不错的发展前景。"

丸山："那么，您能具体谈谈这项事业的市场规模到底有多大以及有多大的增长潜力吗？"

铃木："我只是觉得这项新事业有很好的发展前景，但并不知道具体的数字。"

丸山："是吗？那么，有没有大公司和你们竞争？您知道竞争对手的销售额和店铺数量吗？"

铃木："大公司的话就是日医学馆吧，但我不知道他们的销售额和店铺数量。"

丸山："那么，您打算如何在价格和服务上实现与其他公司的差异化呢？"

铃木："我们公司的服务其他公司没法比，因为我们拥有一流的人才，价格则和其他公司基本相同。"

丸山："那么，您如何向顾客宣传公司的优势呢？"

铃木："我们派发了传单，只要来现场看一下，顾客就会明白的。"

丸山："是吗？但从收益结构上来看，即便开工率100%，好像也赚不了多少利润。"

铃木："今后只要增加营业网点，销售额自然会上去的。正是出于这种考量才需要增资。"

丸山："您在销售计划中说，每年的销售额会成倍增加。您这么说有什么根据吗？对于在什么时候需要多少资金，您有准确的把握吗？"

铃木："没有。我虽然没有根据，但是这个市场今后很有成长潜力。而且，我们公司的服务质量也很高，销售额肯定会增长。这次申请增资也是为了实现上述目标。"

丸山："铃木先生，我们在审核事业计划的时候，需要考虑市场潜力、与同行的竞争优势、管理团队的能力以及事业的收益性等。此外，还有一个重要因素就是事业成功后的投资回报率。为了做出准确的判断，我们需要相应的资料，而且审核也需要时间。"

铃木："我们本来是想尽快筹集到资金……公司的新制度不是为了

这个目的推出的吗？"

＊ ＊ ＊

丸山和铃木又针对投资时期、期间和金额以及用途等事宜进行了磋商。铃木按照丸山室长提供的格式修改了商业计划，重新提交了过去。

铃木："唉……看来筹集到资金的希望渺茫。虽然按照丸山室长提供的格式进行了修改，但因为本来我就没思考那么多，所以修改完的商业计划也根本不值得一读。虽然这个市场确实有增长潜力，但我完全没有掌握顾客和竞争对手的动向。投资计划根本就想也没想，更别说股票上市的可能性了……听说硅谷一个有名的风投资本仅仅看到潦草地写在餐巾纸上的便携电脑创意就决定投资康柏，应该是对经营者的能力表示认可吧。所谓挑战，指的是充分考虑到风险之后再去进行尝试，但现在似乎越来越多的人将勇于挑战和鲁莽行事混为一谈。当然，如果害怕风险，就根本不会对新事业进行投资……"

理论

在上一节，我为大家介绍了制定商业计划的目的、意义以及注意点等，那么，商业计划具体应该由哪些内容构成呢？或者说，在商业计划中都应该写些什么呢？

为了说服公司的高层，获得高额的投资，必须让读者能够理解新事业的整体情况，并且对市场分析、事业战略、财务预测等与新事业相关的重要内容都进行说明。

另一方面，在撰写商业计划时最重要的就是简洁性。一般情况下，用 Word 文档撰写的资料，除了财务预测和补充资料之外的正文部分如果超过30页就会显得过于冗长。虽然读者也希望商业计划对各项内容进行详细分析，但是为了让读者更容易理解，首先要做到的第一步就是进行必要、充分且简洁的说明。

在实际撰写过程中，有以下两个方案可以参考，其一是将应该包括的项目全部罗列出来，之后整理到20~25页左右，其二是先在20~25页的白纸上分别写上题目（选择必要项目），然后以此为基础填写相应的内容。大家可以根据实际情况选择合适的方法。

比如向风险投资申请投资时，制定商业计划的模板如下（项目顺序等有时需要稍微进行调整）。

我之所以选择用于申请资金的商业计划为例进行说明，是因为风险投资是要求最严格的投资者。如果能够满足这类投资者的要求，那么只要对这份商业计划稍加调整，将必要的部分抽取出来，就可以应用在其他很多情况。

- 概要。
- 愿景、使命、经营理念、事业目标。

- 产品、服务、市场、顾客。
- 商业模式、事业战略。
- 市场营销战略、运营。
- 管理团队。
- 出资条件。
- 财务状况及预测。
- 补充资料。

正如说过的那样，商业计划的结构可以根据目的适当地调整（当然，前提是必须包含了必要的内容），即便是必须放入商业计划里的项目，根据商业活动的内容或状况，有些也不必详细说明。比如商业活动属于传统制造业中的新产品开发和销售，就不必对商业模式进行详细的介绍。根据事业的特性和各个项目的重要程度，让商业计划通俗易懂，并能够给读者留下深刻印象的结构最为合适。

接下来，我将对各个项目进行详细的说明。

一、概要

这部分不是单纯的导论，而是商业计划的整体概括。概要是风险投资、天使投资人、银行、公司内部的高层等手里拿着商业计划的人最先看到的部分，而且也是决定读者对商业计划整体印象的部分。读者会通过阅读这一部分来推测后面所写的内容。甚至有的读者只看商业计划的概要部分。

因此，为了让读者更深入地思考这份商业计划，概要部分应该对事业的内容、提出商业计划的目的，以及新事业负责人的情况简明扼要地进行说明，吸引读者的注意力。在撰写概要时，必须认真思考如何用最简短的文字给读者留下最深刻的印象，概要可以说是商业计划中最吸引读者眼球的部分。概要的篇幅要控制在两页左右。

概要部分需要提到的内容如下。

（一）公司的概要

公司的概要堪称概要的底线。应该在封面或者概要的开头写明公司名称、代表者姓名、事业内容、地址、电话号码、联系人、公司主页等内容。让读者在读完商业计划之后想跟公司联系的话，一眼就能看到联系方式。

（二）对事业内容及提交商业计划的目的进行说明

在概要的开头部分，要明确说明公司的事业内容及提交商业计划的目的。之所以要在一开始就简明扼要地说明公司的事业内容，是因为风险投资也对投资的事业领域有一定的偏好性。有的风险投资将所有行业、所有成长阶段的企业都作为投资对象，有的风险投资则只针对特定行业、特定成长阶段的企业进行投资。如果风险投资发现这个商业计划符合自己的投资偏好，自然会认真地阅读下去，反之则可以避免浪费双方的时间。如果是曾经取得过一定业绩的企业，可以将业绩也写进去，给投资者留下好印象。

提交商业计划的目的也应该在一开始就说明。是单纯地要求投资？还是希望能够获得管理顾问的附加价值服务？希望投资的金额大概有多少？因目的不同，读者对商业计划的解读方式也有很大的不同。

（三）市场、产品、服务、竞争情况

在商业计划中，要对产品、服务及目标市场的大体情况进行说明。不仅要介绍具体的产品、服务，还要针对最终为顾客提供怎样的价值进行说明。关于竞争对手的情况也要进行简要的说明。为了避免内容变得冗长，尽量只抓住重点进行介绍。

（四）商业模式和战略的概要

在概要中虽然没必要详细讲解商业模式，但应该说明商业模式的特征。还要说明为什么自己的公司能够在竞争中胜出，以及自己公司的竞争优势在哪里。

（五）主要的经营层

针对公司的核心经营层各自的业务分工以及背景、简历进行说明。经营层的经营经验、实际业绩、能力和资质等是投资者最关注的部分，但在概要中只需要简单介绍经营层的重要经历和能力。具体内容可以在后面的管理团队一项以及附录中的履历部分进行详细说明。

（六）所需要的资金额以及用途

尽管资金提供者最关注的是所需要的资金额以及用途，但商业计划的概要中却常常遗漏这一点。因此应该写清楚准备筹措的资金额是多少，以及其中有多少需要从投资者那里获得。

如果是投资的话，股价及持有比率、股东构成、投资资金的回收途径（股票上市或者出售公司及收益率）如何？如果是融资的话，能否提供担保？筹措来的资金打算怎样使用？这些情况都应该简洁地说明清楚。

（七）财务履历及预测

假如事业已经开始，需要写明迄今为止的销售额和利润的变化情况，但更重要的是写明对收益的预测。和前面提到的市场的成长联系起来，说明在第几年销售额或利润会达到多少，明确指事业目标。

一般情况下，风险投资会要求商业计划中有对三年后实际事业规模的预测、五六年后股票能否受上市及事业规模扩张的预测。在概要部分只要提到对销售额、经费、利润的预测即可。上述数字的大小将直接影响到项目的魅力度。

二、愿景、使命、经营理念、事业目标

在商业计划中，明确写出事业的愿景、使命、经营理念以及事业目标是新事业负责人向投资者说明"朝着什么目标、以怎样的使命感和思路开展新事业"的最好的方法（详细内容请参照第2章）。

（一）愿景

事实上，很多商业计划中都没有写明愿景。虽然很少有人讨论关于在商业计划中有没有必要明确写出愿景这一问题，但我认为今后明确愿景的必要性越来越高。

因为在知识产业的新事业中，愿景对企业形象、业务展开的方向以及企业文化有着很大的影响，可以说愿景是企业活力和竞争力的源泉。在这一项中要具体写明事业未来的发展前景。

FAQ：

• 事业将来会有怎样的发展前景？

• 五年后、十年后，企业会是什么状态？

（二）使命、经营理念

在这一项中要写明对股东的使命、经营的信念和哲学，以及希望员工执行的行动方针。这些都是形成良好的企业文化所不可或缺的重要内

容，也是员工做出决策和采取行动的依据。因此，近年来这部分内容得到了广泛的关注。实际上，很多企业都是在启动新事业之后，一边开展商业活动一边明确使命和经营理念，但如果事先明确的话就能做到有备无患。

FAQ：

• 希望通过事业实现什么目标？

• 对股东、顾客、员工能够做出什么贡献？

• 基于什么样的价值观进行经营？

（三）事业目标

事业目标与愿景有不少重复的部分，但在商业计划中要明确写出销售额、利润、股票上市时期等数值目标，以及事业领域、展开业务、在行业中的定位及企业文化等实质性目标。在向投资者传达事业的成长性、收益率以及各个时期的发展情况时，上述内容非常有效。另外，事业目标经常与事业战略写在一起。

FAQ：

• 什么时候股票上市？届时估计事业规模有多大？

• 最近一年完成的具有里程碑意义的业绩是什么？

三、产品、服务、市场、顾客

这部分针对新事业面向什么客户群体、提供什么内容进行具体的说明，也可以说是简单的事业定义。此外，这部分还通过揭示市场和行业的动向，提出商业模式与行业战略的前提。

（一）事业内容的定义

在开头部分，要简单地给即将开展的事业内容下定义，让读者对事业内容有所了解。在这里要对事业领域、顾客、经营的产品与服务进行简明扼要的叙述。

（二）事业发展与业绩（事业已经开始的情况）

如果事业已经开始，要对公司的主要业绩进行说明。内容包括公司成立的时期、产品与服务的内容、事业展开的经过、取得的主要成果等。因为今后的事业展开将以商业计划作为核心，所以对过去的业务经历只需要简单介绍，不必写太多的内容。

FAQ：

• 开展这项事业的契机是什么？

• 到目前为止都取得了什么成果？

• 现在面临的课题是什么？

（三）产品、服务内容

商业计划中要详细说明公司提供的产品与服务的普遍性和多样性，以及提供的产品与服务的详细内容（规格、价格、特性）。比如产品的寿命周期有多长？为顾客提供的价值具体是什么？成本结构是怎样的？……最近，越来越多的商业计划中开始明确写出"产品和服务给顾客提供了怎样的价值和便利"。

尽可能和竞争对手的产品与服务进行比较，对优势和弱势进行分析。如果是有形的产品的话，可以使用照片、图表等，让读者理解其物理特征。另外，如果能附上大客户或行业权威推荐信，也能起到很好的效果。

FAQ：

• 产品与服务的特征是什么？

• 为什么产品和服务能够让顾客满意？

• 最终能够给顾客提供怎样的价值？

• 现在，产品和服务处于怎样的生命周期呢？今后会有什么变化？

• 与竞争对手的产品与服务之间的对比？

• 产品和服务有什么保障吗？

（四）市场与对象顾客

在这里需要对已经进军或即将进军的市场的规模和发展前景（宏观

角度）以及顾客特性（微观角度）进行说明。

市场的发展处于哪个阶段？是今后会有更大的发展，还是正在飞速成长之中，或者已经处于成熟阶段？现在的市场规模与成长率有多大？今后还能发展到多大的规模？或者说主要顾客群体是哪些？顾客需求与KBF（关键购买因素）是什么？如果是法人顾客的话，DMU（决策单元）是什么？

如果事业已经开始，需要将主要顾客的销售额和采购产品罗列出来，对主要顾客的采购活动特点进行分析，为确定今后事业计划的前进方向提供根据。通过对目标客户进行采访和根据统计调查对顾客的采购活动进行分析，都是提高事业可行性的重要手段。

FAQ：

• 市场规模有多大？

• 今后市场还有多大的成长空间？

• 市场真正的需求是什么？

• 什么样的顾客会成为真正的目标顾客？

• 这些顾客的特点是什么？

• 顾客为什么选择你们公司的产品和服务？

• 迄今为止，什么样的顾客购买了你们公司的产品和服务？

• 今后计划购买你们公司的产品和服务的顾客具体是什么人？

（五）行业结构

对即将进军的市场的行业结构（原材料供应商、新竞争者、法律法规等）以及今后的发展方向进行概述。如果法律法规发生了变化，商业计划会受到什么影响？届时自身是否能够成为市场中的主宰者？在这部分有必要强调即将进军的市场的魅力。

FAQ：

• 行业结构是怎样的？

• 有哪些供应商和客户？相互之间是什么关系？

• 是否有出现新竞争者或替代品的可能性？

（六）竞争对手

读者最关注的部分之一就是市场的竞争情况。在这部分，要针对有可能成为竞争对手的公司及其产品和服务，分析其特性及优势、弱势。比如什么公司的什么产品取得了多少销量？占有多少市场份额？自身提供的产品与服务如何实现与竞争对手的差异化（价格、质量等）？为什么能够在今后的竞争中胜出？

就算即将进军的是一个全新的市场，也要考虑到相关产业的主要参与者是否可能后续加入进来成为竞争对手。

FAQ：

• 竞争环境很严峻吗?

• 什么样的企业会成为竞争对手?

• 自身和竞争对手的优势、弱势分别是什么?

• 如何实现与竞争对手的差异化?

• 产品和服务具体的价格和质量区别是什么?

四、商业模式、事业战略

商业计划需要明确说明事业的独特性和"能够在竞争中胜出的理由"，这也是投资者最为关注的部分。特别是最近出现了充分利用 IT，通过提供免费服务赚取利润的商业模式，得到了越来越多的关注。

（一）商业模式

尽量使用图表等方法，将代表事业结构和机制的商业模式可视化并进行说明。为了让读者一目了然地理解商业模式，最好能够将自身与供货商、合作商之间的关系，与股东、顾客的关系以及获得利润的机制都图表化，这样进行说明的话效果会更好（详细内容请参照第3章）。

FAQ：

• 都有哪些利益相关者?

- 如何提高销售额？

- 获得利润的机制是什么？

- 收益结构是什么样的？

（二）事业战略

前文中已经讲过市场分析、竞争对手分析以及行业分析等，事业战略就是以这些为前提而构筑的。在这部分，需要针对在竞争中胜出应采取的战略以及战略要点进行简要的说明。比如，应该采取什么竞争战略（差异化、成本优势、集中经营资源等）？如何发挥自身的强项确立优势地位？在价值链上有什么优势？

假如要在一个新的商业活动领域开拓一种前所未有的商业模式，还要附加一个表示该商业模式与利益相关者之间关系性的图表，对如何构筑竞争优势地位进行说明。

FAQ：

- 该商业活动的 KSF（成功的关键）是什么？

- 基本战略是什么？

- 竞争优势在哪里？竞争优势是否有可持续性？

- 竞争对手是谁？你为什么认为可以在竞争中战胜对手？

五、市场营销战略、运营

在这1部分，要以前面讲过的事业战略为基础，对为了提高销售额应该进行怎样的市场营销和营业以及广义的运营（包括研究开发、生产、销售、服务等环节在内的所有事业运营方针）进行说明。

（一）市场营销

因为前面已经讲过了目标顾客以及差异化的要点，因此在这里应该运用市场营销中的4P（产品、价格、宣传、流通）框架对市场营销的具体方法进行说明。

比如，针对目标顾客，提出怎样的价格诉求，通过什么样的促销活动来宣传公司的什么产品和服务（或者说构筑怎样的公司内部营业体系来进行营业活动），以及利用什么渠道进行销售。

如果采取"正面进攻方式"进行市场营销，需要在广告和促销上投入大量经费。因此，如何削减市场营销成本和强力有效的市场营销战略都是可以强调的重点。

FAQ：

· 如何构筑品牌形象？

· 如何增加促进顾客再次购买？

· 如何设定价格，设定价格的战略是什么？

- 毛利润为百分之几？

- 通过什么渠道进行销售？有没有具体的合作伙伴？

- 销售渠道的销售让利是多少？最终价格又是多少？

- 如何开展促销活动？如何做广告？

- 在促销活动和广告上需要投入多少资金？效果如何？

- 需要进行什么样的营业活动？

（二）制造与（狭义的）运营

如果从事的是制造业的话，在商业计划中就要针对制造的过程、原材料、劳动力以及设施（工厂设施、设备等）的费用及特性进行说明。上述各种工序是复杂的还是简单的？投入与产出之比是多少？每个单位生产成本是多少？这些都需要用数字表示清楚。在制造业中有个非常重要的指标就是毛利率。因为与产品的销售价格相比能够在多大程度上压低生产成本非常重要。

另一方面，如果从事的是服务相关行业，运营（狭义上）的好坏就变得十分重要（广义的运营如前文所述，是指从研究开发到生产、销售、服务的所有环节的事业运营方针）。在提供服务时，设备、劳动力以及技能、其他服务所需要的物品及价格如何？固定费用支出有多少？收支平衡点是多少？这些指标都要明确地列出来。

此外，关于原材料的主要供应商以及采购数量，如果在有关生产与（狭义的）运营过程中有外包的部分，需要对外包公司、外包内容以及关系进行说明。因为外包公司的安全性及其与自身之间的关系对分析该事业运营的稳定性来说是一个非常重要的因素。

FAQ：

• 需要什么样的设备？

• 初期以及持续的设备投资额有多少？

• 设备生产能力有多少？

• 需要进行怎样的运营（狭义的）？

• 如何控制流程？

• （狭义的）运营课题是什么？

• 为了维持和提高质量，需要做什么？

（三）研究开发

商业计划中要对研究开发所需的费用进行预估，还要明确指出通过研究开发打算开发出什么样的产品和服务。

研究开发需要考虑的因素很多，为了以最小的成本开发出新的产品和服务，需要有效利用外部资源，并且合理地安排流程、时间表以及预算。研究开发的关键在于让研究成果符合顾客的需求。为了得到投资方的支持，在这部分应该在一定程度上具体地说明最终产品规格。

FAQ：

• 迄今为止的研究开发成果有哪些？投资额是多少？

• 今后的研究开发计划是什么？

• 今后需要多少研究开发资金？

• 研究开发的合作伙伴是谁？

• 风险有多高？

（四）资产和设备等

在这部分需要列出公司现在拥有的主要的固定资产（土地、建筑物、机械设备等），如果有需要通过筹集到的资金来购买的设备，也要列出来。

特别是与生产相关的机械设备，要结合产量扩充计划说明，对机械设备的维护周期、设备操作人员的培训成本以及设备的折旧方法和出售价值进行说明。

FAQ：

• 现在拥有的资产中具体都有什么？

• 现在的资产是租赁的还是属于自己的？

• 今后有怎样的投资需求？金额是多少？

（五）专利、商标等

在这部分要列出现在已经取得的或者正在申请的专利、商标。此外，还要简单论述这些专利、商标在提高自身竞争优势上起到什么作用。

如果是技术系、科技系风险企业的话，这部分内容极为重要，除了对自身的专利情况进行详细说明之外，还需要对竞争对手的专利取得及申请情况进行详细调查。

FAQ：

• 专利、商标的申请工作已经结束了吗？已经取得了专利或者商标吗？

• 专利取得的形式、取得者是什么情况？

• 通过取得该项专利确立竞争优势的可能性有多大？

（六）其他事项

针对具体的事业运营方面没有提到的内容加以补充说明。

需要写明的主要项目包括与供应商、客户之间的关系，加入的保险种类以及税金的支付情况等，这些都是事业发展上值得关注的内容。

六、管理团队

在这部分，要对参与事业的主要经营成员和部门领导的履历、优势以及迄今为止取得的成绩进行说明，证明每个成员以及经营管理团队的能力都十分优秀，充分具备实现该事业计划的基本能力和要求（详细内容请参照第5章）。

（一）管理团队一览

列出管理团队主要成员（董事长、董事，有必要的话还有各部门负责人）的职位、年龄等。

FAQ：

• 主要部门的负责人是谁？

• 常任、非常任董事分别是谁？

（二）经营层的简历

写明上述主要管理成员（包含各主要部门的领导）迄今为止的简历（学历、职务经历、主要业绩等），让读者认识到该管团队是由经验丰富的成员组成的强大的经营团队。对投资者来说，一个优秀的经营管理团队甚至比优秀的商业计划更有吸引力。

FAQ：

• 管理成员的年龄、学历、职务经历、主要业绩是什么？

• 管理成员是如何参与到项目之中的？

• 管理成员各自的职务分工情况是怎样的？

• 管理成员在各自所负责领域的专业性怎么样？

（三）管理成员的薪酬等

写明主要管理成员的薪酬额是多少，如果拥有股票期权的话，也要简单注明股票期权的金额及数量、行使价格、状况等。

FAQ：

• 今后如何决定和调整管理成员的薪酬？

• 管理成员打算在股票上市时通过股票期权拥有多少股票？

（四）组织图

写明以怎样的组织形式来对事业进行运营。

如果是现有企业公司的子公司或者事业合并，要说明和总公司的关系及总公司的支援体系（新事业负责部门、负责人、负责董事等）。

FAQ：

• 决策流程和责任范围是怎样的？

• 总部的负责窗口是什么？

（五）外部的合作者

外部合作者是指律师、注册会计师等提供专业服务的人，以及外部的智囊、外包公司等。只要这部分内容足够充实，就可以作为吸引投资者的强力武器。除了要写明外部合作者的姓名或者名称、经历之外，还要写明合作的内容及合作者提供的服务、自己公司的责任分担等。

FAQ：

• 有做经营顾问的会计师、律师、管理顾问吗？

（六）其他事项

针对具体的组织相关方面没有提到的内容加以补充说明。比如管理团队的合作情况以及今后的经营体系等。

七、出资要件

在这部分，要写明申请出资的方式、金额、用途，以及今后开展业务时怎样使用这些筹集来的资金。

（一）出资方式

写明公司希望风险投资或者银行以什么方式提供资金。因为投资、融资方需要根据资金提供的条件来判断商业计划的可行性，所以必须让资金的提供方了解自己公司需要多少资金？什么时候需要？以怎样的条件筹集资金（普通股票、贷款、公司债及其他）？

如果打算用公司来筹集资金的话，最好写明发行形式（普通债／附带新股预约权等）、金额、期限、利息等要件。如果要求出资方进行资本投资的话，不仅要写明金额、发行价格，还要写明优先受让权、并购条件等要件。如果资金筹集方法不固定，也应该写明这一点，并为投资者提供几个选项。

FAQ：

• 希望筹集到的投资或者融资金额是多少？

• 筹集到的资金的具体用途是什么？

• 希望投资者以什么方式提供资金？

• 股票发行价格是多少？自身的控股比率是多少？

（二）出资的相关条件

如果是银行贷款的话，要写明有无担保以及担保人等担保关系。如果是发行股票的话，要写明增资时的股票优先购买权、有无决议权、是否派董事等。另外，最好还要写明经营状况汇报的频度、内容，以及如何与资金提供方进行信息交流和汇报经营情况。

FAQ：

• 是否能够接受派驻董事？

• 如何对经营状况做报告？

• 在增资时设定股票优先购买权吗？

（三）资本构成

发行股票的情况下，要写明增资前及增资后的股东结构（股票数、份额），这样可以使投资者理解自己拥有多大程度的所有权。

FAQ：

• 此次增资的股数、股价是多少？如何分配额度？

• 为什么这样对股票定价？

• 今后有增资计划吗？如何分配额度？

（四）关于投入资金的回收

风险投资的收益来源是出售投入资金换来的股票。因此，在商业计划中要写清楚这次投入的资金以怎样的方式回收，对资金的回收方法和可能性进行说明。

回收投资资金的主要方法有股票上市、将股票出售给大企业以及MBO（管理层收购）等。在商业计划中还要写明股票上市或者出售股票的话，风险投资的 ROI（投资收益率）是多少。

FAQ：

• 打算采用哪种方式（股票上市、出售股票、MBO）回收投资资金？

• 打算在几年后将股票上市？届时股票价格是多少？

•如果考虑出售事业的话，打算卖给什么样的企业？估计出售价格是多少？

•如果考虑回购股份的话，是在什么时候，以怎样的方式来计算股价？

（五）关于投资合同

风险投资在出资时，一般都会签订投资合同。合同内容包括增资时的股票优先购买权、董事的选任权、定期公开财务信息等。

因此在商业计划书中应该对接受出资时的条件进行说明。

FAQ：

•是否会公开月度决算书（业绩估算表）？

•是否每个月都汇报业绩？

•是否给投资者选任董事的权限？

•在增资时现有股东是否拥有优先购买权？

八、财务状况及其预测

在这部分，要将到目前为止事业发展的损益表（P/L）、资产负债表（B/S）、现金流量表（CFS）的状况，以及今后事业展开的资金与盈亏的预测对投资方进行说明，便于投资方对事业计划和资金与盈亏计划的协调性和可行性做出判断。资金的提供方在分析财务报表时往往需要花费很长的时间（详细内容请参照第4章）。

（一）到目前为止的财务状况

根据已经审查过的数据，对到目前为止的事业的资金与盈亏状况进行说明。最好能同时附加上过去三年（事业持续的情况下）的资产负债表、损益表、现金流量表，以及最近的月度资金周转表。

风险投资对处于初期阶段的风险企业进行考察时，不会因为之前的决算赤字就对事业的发展潜力产生怀疑，但最近的资金周转状况以及成本率、各种经费率等作为预测今后财务状况的基础，会被特别认真地审查。

FAQ：

• 到目前为止对什么内容进行了多大规模的投资？

• 现在每月的固定成本及盈亏平衡点是多少？

• 现在的月度现金流是多少？

• 销售额的变化情况如何？

• 成本率以及主要的经费率是多少？计算根据是什么？

（二）盈亏预测

在预测今后的盈亏及资金周转情况时，需要详细说明其前提条件。如果不写清楚销售额增长的根据、毛利率的根据与经费相关的根据等，投资方就会针对如何实现业务的增长、如何提高利润和现金流等方法进行仔细的询问。

FAQ：

• 销售额增长的根据是什么？

• 成本率变化的根据是什么？

• 销售费用相关的主要项目和预算情况怎样？

• 随着销售额的增加，运营资本会增加多少？届时如何筹措资金？

• 假如销售额没有如预期那样增加，资金周转会出现什么问题？届时如何应对？

• 最终这项事业会给投资者带来收益吗？

九、补充材料

为了让读者对事业内容和产品内容有更深的了解，在商业计划中必须附上各种各样的材料作为补充。

比如产品的宣传手册、照片，报纸杂志上有关产品的报道，客户的联系方式（证明事业潜力），经营层详细的个人简历（证明经营层的能力）等。另外，为了增加投资方对事业的信任，最好在商业计划中附上有公信度的人（有名的创业者、行业的权威、著名的管理顾问等）的推荐信，这个办法非常有效。

收获新事业的成果：回收资金

新事业就像一个伴随阵痛生下来的健康的小宝宝，在经历了几多欢喜和痛苦之后，茁壮成长，最终发展成一个优秀的企业。很快，这个企业得到社会的认可，创业者得到回报。

创业者和初期的出资者通过出售股票获得利润的行为被称为资本回收。正如前文中讲过的那样，资本回收的方法主要有股票上市、出售股票以及 MBO 等。在向投资者提交商业计划时，一般都要写明资本回收的计划，但知道这一点的人很少。

商业计划中一定要包含资本回收计划的原因主要有两个。

一是为了向出资者说明能够获得多少回报，以及怎样获得这些回报。出资者当然对自己投资的钱能产生多少回报非常关注，如果产生的回报低于期望的话，出资者可能会犹豫是否出资。

二是为创业者和创业成员设定目标。在本书第2章的愿景部分也会讲到这一点，具体的目标是推动事业发展的巨大动力。实际上很多企业都将股票上市作为愿景之一。

出售股票和股票上市是回收资本的两个主要方法。接下来我就将对这两个方法的优缺点进行论述，作为大家制定投资回收计划时的参考。

一、出售股票

出售股票的方式有好几种，下面我为大家说明的是在回收资本时最常见的一种方式，那就是出售过半数或者三分之二以上的股票，连经营权一起转让。

日本对出售股票的印象依然是负面的，但在美国这是最普遍的回收资本方法。不少创业者的目的就是等公司成长之后卖掉。YouTube 甚至在尚未实现盈利的时候就被卖掉了。

通过出售股票，创业者和投资者可以获得大量的回报。此外，如果由于某种原因（比如想开展全新的事业，或者想隐退等等）而不得不放弃这个事业时，卖出股票也是个非常有效的方法。

出售股票既有优点也有缺点。

优点：

· 比股票上市更早拿到现金。

· 在事务手续和与相关人士的利益调整方面不像股票上市那么烦琐。

· 假如事业进展不顺，有可能破产的话，出售股票、卖掉公司不失为一个"紧急避难"的良策。

缺点：

· 在和买方进行价格交涉时，由于定价话语权相差悬殊，出售股票时的价格可能会被压得很低。

• 可能导致丧失人生目标。特别是对风险企业的创业者来说，经营自己的公司对人生有着非常重要的意义。很多创业者在出售事业之后才意识到自己失去了人生的意义，后悔不迭。

在出售股票时有一点非常重要，那就是要对自己事业的价值进行定量以及定性的分析。

计算企业价值的方法主要有以下几个：

以公司的资产为基准来计算。

以类似公司的股价为基准来计算。

以第4章介绍的现金流为基准计算事业的价值。

应该选择哪种方法因具体情况而定，详细的计算方法请参考 MBA 轻松读：第一辑《金融学》等书籍。不管怎么说，在与买方进行交涉之前应该先计算出自己事业的价值。

在出售股票之际，可以选择全部出售自己拥有的股票或者只出售一部分，也可以出售自己拥有的几个事业或者其中的一部分，但不管怎样，最好事前能够从理论上说明自己想以什么价位卖什么。

此外，在出售之前最好思考一下经营现在的事业在自己人生中有什么意义，否则等出售之后再后悔就来不及了。

还有一个需要考虑的重要因素是出售的时机。因为时机不同，与并购有关的很多因素也会发生变化。比如行业的形势发生了变化，事业将来的业绩前景就会发生变化。另外，由于股票行情发生了变化，为确定自己公司股票的价格而参考的类似公司的股价也会发生变化。结果不仅股票的价格会受到影响，甚至还会影响到并购本身是否能够成功。

二、股票上市

股票上市是指为了让不特定多数的人能够购买未上市企业的股票，而将其拿到市场上出售。股票上市之后，该企业就从创业者等特定的少数人所拥有的企业转变为由不特定多数的股东拥有的企业。

虽然人们对出售股票持有负面印象，但对股票上市却持有正面的印象。很多创业者都梦想着自己企业的股票上市。但股票上市也有优点和缺点。

优点：

• 股票上市后，通过销售拥有的股票能够获得大量的资本收益，而且股票资产、担保价值和股票的流通性也会得到提高。

• 提高金融机构和顾客对公司的信任度和企业的知名度。信用度和知名度的提高会给公司带来更多的商机。

·公司可以从资本市场筹集资金，能够以更有利的条件筹集资金。

·提高员工的归属意识和道德水准，还可以从公司外部吸引更优秀的人才。

·股票上市需要经过严格的审核，必须整顿和加强公司内部的管理体系。以此为契机，公司的经营基础会变得更加巩固。

缺点：

·有可能被投机的投资者或大企业恶意收购，出现丧失经营权的危险。

·上市公司有义务公开经营信息，难以保护企业秘密。

·为了公开企业信息需要增加很多事务处理，导致成本负担相应增加。最近，信息的真实性愈发得到重视，公开信息的成本也越来越高。

·股票上市需要很长的准备时间，需要办理复杂的手续以及和相关人士进行协商。这个过程非常辛苦，令人精疲力竭。

日本经济正处于前所未有的困境之中，新事业作为提高日本经济活性的重要因素，备受瞩目和期待。如今在各类股票市场上市的企业数量比之前增加了许多。股票上市的条件也更加宽松。成立公司五年内就成功上市的公司也并不少见。

希望能够有越来越多的人制定出完美的商业计划，使得事业成功，并获得满意的回报。

第

2

章

愿景、使命和经营理念

绪言：通过目标和纪律提高公司凝聚力和员工的工作热情

很多新事业的负责人在打算开始新事业，首先想到的大多是商业模式和经营战略层面的计划。他们冥思苦想的是应该瞄准什么市场、生产什么产品、通过什么渠道销售等问题。此外，他们还会关注将经营战略落实到数字上的财务计划。比如销售额会达到多少？需要多少费用？是否能够产生利润？

毫无疑问，上述这些问题都很关键。在制定商业计划时，如果不事先认真构思战略、仔细分析数据的话，就不可能制定出有说服力的商业计划。然而，除上述内容之外，还有几个经常被忽视但对商业计划来说不可或缺的要素。那就是"愿景""使命"和"经营理念"。

愿景是指"创业者、经营者心目中企业的理想状态"，说白了就是把"将来想变成什么样的企业"用语言表达出来，也可以将其称为长期的事业目标。或许有读者认为，"愿景谁不懂呀，没有必要再费笔墨写出来吧"。但实际上，用语言将愿景表达出来并不是件容易的事情。之所以这么说，是因为在很多情况下，头脑中的愿景都非常模糊。

将模糊的事情清楚地表示出来，可以使事业的目标也变得清晰。只要确定了前进的方向和目标，就可以有的放矢地制定经营战略。详细内容我会在正文中进行论述。总之在商业计划中明确愿景，从战略角度讲也是一项非常重要的作业。

与相对具体的愿景相比，使命和经营理念表示的是企业的使命感、信念和哲理，属于更抽象的概念。愿景、使命与经营理念结合到一起，就会进一步转化为行动指南，成为员工做出决策和行动的根据，并且对企业的组织文化产生重大影响。

有着良好组织文化的企业与没有的企业相比，员工的工作热情更高、业绩更好。但企业的组织文化是无形的，要想直接改变企业文化并不容易。与此同时，不良的组织文化也很容易滋生。在这种情况下，只有明确具体的使命和经营理念，才能让员工及时地"回到原点"。

如今，知识产业领域和服务领域已经成为产业的中心。在这一背景下，愿景、使命以及经营理念决定着事业展开的方向，进而成为企业活力和员工工作热情的源泉。

我将首先为大家介绍愿景的重要性，之后，针对制定什么样的愿景才能对企业经营起作用，以及怎样才能制定出这样的愿景进行论述。之后，我将结合组织文化对好的愿景和经营理念所起的作用进行剖析。

将事业引向成功的愿景

要 点

在商业计划中，"愿景"所占的篇幅很少，但愿景却发挥着重要的作用。愿景是事业的道标，是推动事业相关者前进的原动力。

制定怎样的愿景，如何向相关者宣传这一愿景，决定了商业活动的成败，这样说丝毫也不为过。

案 例

谷歌旗下拥有检索业务、广告业务、网站业务、电子邮件业务、地理信息软件公司，以及智能手机操作系统"安卓"，还进军医疗以及太空事业。乍看起来，谷歌的多元化经营似乎毫无联系，但其实谷歌所有的事业都存在共同点。

那就是它们都拥有同一个愿景——"整理全世界的信息，让全世界的人都能通过互联网来利用这些信息"（在谷歌的主页上把这个称作"使命"，但其中愿景的色彩很浓，实际上在很多情况下谷歌公司都将它作为愿景来介绍。因此，我也将其作为愿景来看待），我将根据这个愿景对谷歌事业发展的过程进行概述。

＊ ＊ ＊

1998年，美国斯坦福大学的拉里·佩奇和塞尔盖·布林凭借具有划时代意义的搜索引擎成立了IT风险企业。他们开发的搜索引擎精度极高，在斯坦福大学内部得到了好评。

在谷歌搜索引擎之前出现的雅虎等搜索引擎被称为目录式搜索引擎，通过人工甄别来建立数据库，追求的是简单方便。虽然人工判断在某种程度上保证了信息的质量，但人工处理的速度完全跟不上网络上信息增加的速度。相比之下，谷歌采用了机器人式搜索引擎，取消人工判断，通过对所有信息进行扫描来收集相关信息。

但搜索引擎并非仅仅提供信息就够了，还需要判断信息的重要性，并进行筛选。于是，谷歌开发出了Page Rank技术。根据网站的连接数来测定网站的受欢迎程度，按照这一顺序排列检索结果。这样一来，重要的网站就会更容易被找到。

当然，受欢迎程度和质量未必是一致的，仅凭连接数是否能够正确判断该信息的质量还值得怀疑。关于这个问题，佩奇和布林发表了如下的看法。

"在学问领域，优秀的论文必然有引用的参考文献，而经常被引用的文献则拥有更高的可信度和影响力。同样，重要的网站也会有更多的连接，所以只要抓住这一点，即便做不到万无一失，也能够在某种程度上保证质量。"

谷歌根据这一思路开发出的检索引擎提高了检索的准确度。顺便说一句，谷歌的名称来源于"googol"这个数学术语，意思是10的100次方。这也反映出谷歌的愿景——"将海量的信息井然有序地整理出来"。

在创业之初，谷歌设想的商业模式是"通过向众多的网络企业和组织有偿提供检索引擎的技术来获得收益，然后，免费为用户提供信息"。雅虎等公司采取的是利用广告获得收益的商业模式，而谷歌则认为网页上的广告非常碍眼，网站应该做得尽量简单，完全不应该出现横幅广告、弹窗广告等。

然而，在最初的一年间，市场对谷歌搜索引擎的反应很迟钝，谷歌几乎没有获得任何收益。如果想让用户继续免费搜索，就必须改变商业模式。于是，谷歌在1999年末改变了经营方针，决定导入广告模式。

为了不让广告主和出资者影响检索结果，谷歌在页面顶端设置了一条界线对检索结果和广告进行区分。为了保证网页的视觉效果，谷歌采用的方法是取消一切弹窗广告和图片广告，只保留简短的统一类型的文字广告，并链接到广告主的网站。由于不必制作广告用的图片，广告主从决定投广告到广告刊登出来的时间周期大幅缩短。

和搜索结果一样，谷歌对广告也采取了按照连接数和广告主给出的费用来确定显示顺序的方法。关注度高的广告在显示时排序靠前，排序的决定权不完全由广告主决定，而是让用户来决定。"民主主义在网络上也会起作用"，这就是佩奇所信奉的"十个事实"之一。

＊ ＊ ＊

2000年下半年，美国的 IT 泡沫崩溃，破产的风险企业相继出现。在这一背景下，谷歌采取了强势的经营战略。因为在谷歌愿景中包含"全世界的信息""全世界的人"这些字眼。为了将这一愿景变为现实，谷歌积极发展海外业务，建立其能够应对多国语言的体系。

在此之前，谷歌几乎从不进行宣传活动，主要凭借口碑来获得用户。但为了进一步提高知名度，谷歌决定让个人网站链接谷歌的搜索框，如果有人利用其进行检索，谷歌就向该网站支付费用。通过这种分销联盟的方式，谷歌的知名度迅速提高。

2001年，谷歌迎来了曾任 Sun Micro systems 最高技术负责人的埃里克·施密特出任董事长，采取三巨头的经营体系。与此同时，谷歌也积极开展与其他公司的业务合作和并购。谷歌与大型互联网服务提供商 AOL 合作，成功超越了在搜索引擎业务上的前辈 Inktomi 和 Overture。

与不公开源代码的微软不同，谷歌支持公开源代码让任何人都能自由编程的开源方式。除了 Page Rank 等核心技术之外，谷歌公开了几乎所有的源代码以及地图、日历等程序的 API（应用程序接口），供开发者自由使用。

虽然这样做使谷歌的竞争对手也能使用谷歌的技术，但谷歌认为让更多的人才参与到次时代程序的开发中来，有助于促进技术的发展与进步，从结果上来说对谷歌是有好处的。

* * *

后来，谷歌又推出了能够看到全世界最新新闻资讯的"谷歌新闻"、收集全世界的视频供用户阅览的"视频服务"（最初谷歌自主研发，但后来直接收购了 YouTube），以及能够简单地保存和检索邮件的 Gmail 等服务。

乍一看谷歌也和 MSN、雅虎等门户网站一样展开了攻势战略，但其中最基础的指导思想就是谷歌的愿景。一般来说，门户网站大多通过丰富的内容来吸引用户，延长用户在网站的停留时间，增加用户看到广告的机会。但谷歌却并不重视用户的停留时间。谷歌的做法是通过整理用户关注的信息，并提示与此相关的广告来提高点击率。也就是说，谷歌始终把重点放在"整理信息，使信息更加便捷"上。比如谷歌新闻页面上虽然有新闻的标题一览，但可以根据用户的关注点改变新闻的排列方式。

谷歌后来推出的很多服务都是从"20% 规则"中诞生的。这是谷歌效仿 3M 公司的 15% 规则推出的制度。所谓"20% 规则"，指的是谷歌的软件工程师可以利用上班时间的 20% 或者一周中的一天来从事自己感兴趣的项目。

另外，谷歌还在总部大楼的墙上设置了白板，将核心的关键词置于中央，然后用"思维导图"的方式让员工们自由地写出谷歌将来的梦想。其中甚至包含着月球基地、太阳系行星网络等远大的梦想，但这些梦想也很有可能会成为现实。

2005年谷歌和 NASA 合作，在诸多领域共同进行研究开发。通过将科学、医学和尖端科技融合在一起提供更好的服务，并向基因研究、生物学等领域发起挑战。乍一看这些领域与谷歌的主业没有关系，但实际上都与谷歌的愿景存在着关联。

谷歌以愿景为核心，凭借丰富的想象力向各个领域发起挑战。今后谷歌还会从事怎样的事业？让我们拭目以待。

理论

一、什么是愿景

在对使命和经营理念进行论述之前，首先让我们来看一下什么是愿景，因为企业愿景对企业战略以及制作商业计划有着直接的影响。

愿景并没有一个明确的定义，本书对愿景的定义是"创业者、经营者心目中企业的理想状态"，说白了就是把"将来想变成什么样的企业"用语言表达出来。而且，愿景和使命、经营理念不同，是随着时代的变化而变化的更加具体的目标。

谷歌的愿景是"整理全世界的信息，让全世界的人都能通过互联网来利用这些信息"。自创业以来，谷歌的这一愿景就没有发生过变化，而且谷歌一直将其称为"使命"。因此，严格来说，这应该介于愿景和使命之间。但是，从具体印象的层面来说，愿景的色彩更为浓厚一些。

企业表述愿景的方法各不相同。有像谷歌这样带有很强使命色彩的愿景，也有具体描述中长期事业目标和事业方向性的愿景。

前者的例子除了谷歌之外，还有花王。花王的企业愿景中使命的色彩也很浓。

"我们要成为所有市场中最了解消费者、顾客的企业，面向全世界，得到所有相关者的支持和信赖。"

此外，花王还提出了以下的使命。

"我们站在消费者、顾客的立场上，全心全意制造高质量的产品，给全世界的消费者提供喜悦、满意的生活文化，为社会的可持续发展做出贡献。为了达成这一使命，我们所有员工会以饱满的工作热情齐心协力，制造有助于清洁、美丽、健康生活的产品；在工业用产品领域，提供能够和消费者、顾客一起分享感动的有价值的产品和品牌。"

后者的例子如图表2-1和图表2-2所示，分别是雅马哈和中部燃气的愿景。可以看出这两家企业的愿景在表述方式和内容上与花王有着很大的差异。

图表 2-1 雅马哈的愿景

在2020年以前，通过向四个事业领域发起挑战使成长发生质变，成为更具个性的企业（2008年2月公布）
在从2010年度开始的中期经营计划中，将资源集中投入到个人移动和引擎这两个核心领域，为实现将来的发展目标倾注努力

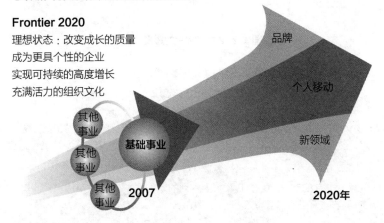

专门研究领导能力的南加利福尼亚大学教授伯特·纳努斯认为愿景应该符合以下条件。

- 适合于组织和时代。

- 明确指出将来的成功，反映组织崇高的理想。

- 明确目的和方向。

- 能够激发员工的工作热情。

- 非常通俗易懂。

- 反映组织的个性和独特的能力。

- 有雄心壮志。

图表 2-2 中部燃气的愿景

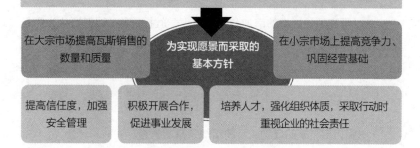

本公司的发展方向（愿景）

作为一直被顾客选择的企业，我们致力于清洁能源天然气的普及和推广，通过降低环境负担为社会做出贡献，并通过为顾客提供新的价值选择和安心的服务，来实现公司的可持续发展

重要举措

为了应对多样化的市场，我们打算通过构筑新的商业模式来进行改革

- 开通静滨输气干线，扩大和深耕产业用气市场
- 通过在生活层面为顾客提供更多的选择，加强和顾客的沟通，增加和巩固客户
- 通过提高收益来加强企业的体质

在大宗市场提高瓦斯销售的数量和质量

为实现愿景而采取的基本方针

在小宗市场上提高竞争力、巩固经营基础

提高信任度，加强安全管理

积极开展合作，促进事业发展

培养人才，强化组织体质，采取行动时重视企业的社会责任

可以说谷歌的愿景基本满足了纳努斯列举的条件。

- 看准了信息化社会这一趋势，符合时代的要求。
- "全世界"显示出谷歌的崇高理想。
- 目的和方向一目了然。
- 极具挑战性，能够极大地激发员工们的工作热情。
- 言简意赅，便于理解。
- 很有个性、很特别。
- 敢于挑战谁都没有挑战过的领域，颇具雄心壮志。

为什么好的愿景要具备上述条件呢？企业为什么要有愿景？为什么在开始新事业之际特别需要愿景呢？请接着往下看。

二、为什么需要愿景

（一）明确事业的整体情况

第一个原因在于，通过制定愿景，能够使企业明确今后要具体开展什么事业。

正如我在本章开头讲过的那样，愿景是"创业者、经营者心目中企业的理想状态"，也就是"事业的目的地"。只要有目的地，就很容易制定战略，决定如何抵达那里。反之，如果没有目的地的话，就无法制定战略。在商务领域竞争非常激烈，经营者完全无法预测竞争对手会在什么时候以什么样子出现。如果没有系统化的战略，就很容易被竞争对手牵着鼻子走。

因此，首先认真思考自己想做什么，并把这一想法作为具体的愿景总结出来至关重要。根据愿景制定出具体的经营战略只有，才算是做好了在商业的世界里出海远行的准备。

（二）愿景是事业展开的道标

在事业展开的时候，一切都按照当初制定的商业计划顺利进行的情况少之又少。因为外部和内部环境的变化，导致原来预想的前提条件发生变化的情况十分常见。还可能出现核心的创业成员和技术人员被其他企业挖走，导致产品和服务的开发工作陷入僵局的情况。在这种时候，愿景就是重新制定经营战略的重要道标。

只要有愿景，企业就可以把现状和愿景进行对照，思考现状和愿景之间存在多大的差距，以及怎样才能消除差距。即便战略发生了变化，也能够继续朝着同样的目的地前进。但如果没有愿景，企业就没有目的地，失去前进的方向。

当然，愿景也并非绝对不变的。如果事业环境发生了变化，愿景也应该相应地进化。但是，在企业发展的每个阶段都要有愿景作为企业经营的"目的地"。

（三）吸引相关者

提出有魅力的愿景可以吸引相关者（与企业存在利害关系者）。

在企业经营和事业展开的过程中，会有很多相关者参与进来（图表2-3）。具体包括实际参与事业的员工、提供原材料的供应商、购买产品和服务的客户、提供资金的投资者等等。如果拥有优秀的员工，业务开展就会更加顺利。如果拥有很多顾客，销售额也会相应上升。如果拥有优秀的投资者，企业不仅能够得到资金，还可以获得宝贵的建议。

也就是说，如果能够吸引优秀的相关者，事业的成功率就会大幅提升。

图表 2-3 事业由众多相关者支撑

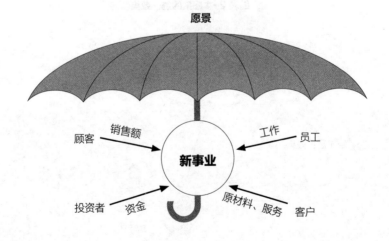

谷歌从公司的起步阶段就成功地吸引了"全世界的天才们（取得博士学位的优秀人才等）"。可以说谷歌的愿景发挥了巨大的作用。

在开展新事业之际，必须和所有的相关者从头开始构筑良好的关系，而愿景就是最强有力的武器。

（四）促进员工的自立

这一点不仅限于愿景，使命和经营理念也是如此。一个好的愿景可以将员工的集体意识和自主意识很好地统一起来（图表2-4）。

图表 2-4 愿景的统一效果

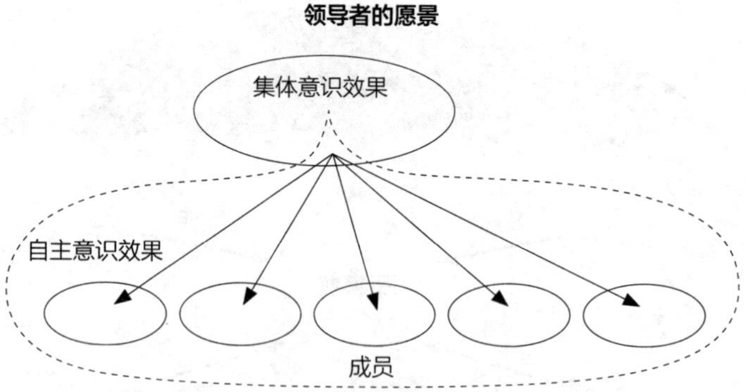

领导者的愿景

1. 集体意识效果

愿景具有把成员的各种意识统一为团队目标的效果。

在组织成立之初，所有的成员基本上都像独立工作的计算机一样，价值观、信念、喜怒哀乐、逻辑思维、判断能力等都各不相同。为了统一员工的认识，提高组织的竞争力，最有力的武器就是愿景。因为愿景"具体地"指出了组织前进的方向。

2. 自主意识效果

通过共享愿景，能够把约束人们行动的过程、手段、规则等烦琐的限制降到最小。因为在实现愿景的框架中，能够给予组织的成员最大程度的自由，让每个成员发挥自己的创造力和自主性。

三、制定优秀愿景的方法

任何企业都希望尽可能制定出优秀的愿景，但怎样才能制定出优秀的愿景呢?

主要从以下三个观点来进行思考。第一，由经营者的梦想和理想推导出"想做的事情";第二，以现有的经营资源为基础确定"能做的事情";第三，满足社会需求的"应该做的事"。

只要以上述三点为基础，思考如何能够同时实现上述内容。就可以制定出有魅力且切实可行的愿景。

（一）想做的事情

愿景基本上是以新事业负责人的梦想和理想为基础制定的。新事业负责人应该将自己"希望成立这样的公司"的想法反映在愿景之中，否则愿景往往平淡无奇、缺乏魅力。

但只要把新事业负责人的梦想原封不动地体现在愿景中，就能制定出优秀的愿景了吗？也不尽然。有时候新事业负责人对事业过于执着，可能导致愿景脱离现实，或者事业的发展方向不符合时代的要求。尽管拥有梦想很重要，但愿景必须是现实且具体的才行。

因此，新事业负责人必须磨炼自己，进行各种各样的体验和学习（比如学习著名创业者的愿景），和各种各样的人进行交流，将单纯的梦想修改为更贴近现实的东西。另外，和信赖的人进行讨论也是很有效的方法，这样做可以检测愿景的魅力度，并得到客观的建议。

（二）能做的事情

关于能做的事情，首先对自己的实力以及经营资源的现状做到心里有数。

如果是开发新事业的话，需要了解自己企业的优势和弱点分别是什么。如果能够充分发挥自己企业的优势，就能够有效利用企业的经营资源在市场上占据优势地位。

如果是新成立的公司，需要思考现在拥有哪些经营资源，还能得到什么经营资源。一开始最好不要设置太多的限制。优秀的新事业负责人必须具备"不受现有资源制约的思维"。把握现有资源固然重要，但是也要在正确认识自己和公司能力的基础上，设定较高的目标，这一点同样重要。

（三）应该做的事情

关于"应该做的事情"，需要正视市场、行业以及宏观环境等现实问题。这一点非常必要。与市场、行业有关的信息具体是指市场的大趋势、顾客的不满和潜在需求、竞争对手的信息、替代品的信息、行业的商业习惯信息等。

这些信息对发现行业的商机也十分有效。比如行业存在低效的商业习惯，只要将其改变就有可能产生一个新的事业。

但需要注意的是，现在收集的信息不是为了制定详细的经营战略，而是为了制定愿景，所以没有必要收集详细的信息并进行分析。在这一阶段如果为了把握顾客的需求而进行大规模的市场调查，就会花费巨额费用。因此，平时就要养成倾听用户以及行业相关者真实声音的习惯，并通过报刊和网络等收集信息。这种脚踏实地的努力是不可或缺的。

在考虑"应该做的事情"时有一点非常重要，那就是与宏观环境（政治、经济、技术、社会、人口动态等）有关的信息。比如日本的少子高龄化问题是产生各种商机的宏观趋势。近年来，人们对CSR（企业的社会责任）的关注也越来越高。必须将这些要素也考虑在内，思考"应该做的事情"是什么。

以上，我们对制定优秀愿景不可或缺的三个要素进行了分析。需要注意的是，这三个要素不能只偏重其中一个，也不能寻找一个简单的妥协方案，而是要有耐心，坚持不懈地将这三个要素完美地结合到一起。

另外，在现有企业制定新事业的愿景时也要注意，新事业的愿景一定要和总公司或者母公司的愿景、使命、经营理念一致。为了充分利用公司总部的经营资源，和主业协调一致，新事业和主业必须拥有相同的价值观和发展前景。毕竟如果提出与总公司的愿景存在冲突的新事业，在计划阶段就会遭到否决。

四、将愿景落实到具体的经营计划中

在前文中，我对什么是优秀的愿景，以及优秀的愿景是怎样产生的进行了论述。但即便制定出了优秀的愿景，如果不付诸实施的话就没有任何意义，只是"一纸空谈"。要想将愿景付诸实施，必须将其落实到更为具体的经营计划上（图表2-5）。

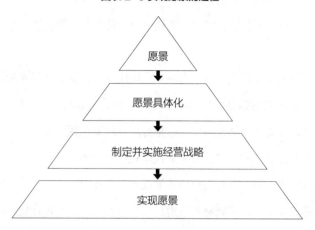

图表 2-5 实现愿景的过程

愿景

愿景具体化

制定并实施经营战略

实现愿景

　　简而言之，这就是为了实现愿景目标，思考在每个阶段应该做什么的过程。但我们不可能从愿景直接跨越到制定经营计划上，因为愿景只是一种"理想的状态"，并没有明确地表示出具体的事业内容，而且愿景在大多情况下是脱离现实的。

　　因此，在以愿景为基础制定经营战略时，必须一步一步地构想出有实现可能的战略，再进一步制定具体的实施计划。

　　让我们来看这个例子。某服装连锁品牌的愿景之一是"在2020年以前销售额达到一兆日元"。虽然愿景只有这么一句话，但在实际的经营计划中必须明确具体在什么时间、什么地点、开设什么样的分店，销售什么产品，达到多少年销售额，各分店的销售额每年增长多少。只有完成这些具体的经营计划，才能实现在2020年以前销售额达到一兆日元的愿景。但这些计划，特别是近期的计划不能脱离现实。比如在资金完全没有着落的情况下，就制定进行大规模的设备投资计划。这种做法是不可取的。

如果愿景非常模糊，那么将愿景具体化的过程就会变得复杂。假设刚才提到的服装连锁品牌的愿景是"成为最受顾客欢迎的店铺"，就需要思考受顾客欢迎具体是指什么？是指顾客频繁光顾还是指店里陈列受顾客欢迎的商品？如果想成为顾客频繁光顾的专卖店，就得考虑应该在什么地方开店，应该进行怎样的店铺设计，以及现在的实力是否能够建设成那样的店铺。经营者必须一边思考上述问题一边制定计划。由此可见，在制定愿景时应该尽量具体。

像这样一边在愿景和现实之间寻找平衡点一边制定经营计划时，为了制定愿景而收集的信息也能派得上用场。另外，在制定经营计划的过程中如果发现愿景有不合适的地方，也可以进行修正。愿景和经营计划并非是互相孤立的存在，而是有着密切联系的。但需要注意的是，愿景不应过度迁就经营计划，否则可能会有损愿景的魅力。

五、将愿景渗透给利益相关者

与使命和经营理念一样，愿景只有在与所有利益相关者共享之后才能发挥效果。不管多么优秀的愿景，如果没能渗透进利益相关者的群体中，就无法凝聚他们的力量。不管新事业负责人多么努力为实现愿景而奔走，如果得不到员工、客户、投资者的帮助，实现愿景的可能性微乎其微。

最重要、最有效，同时也是最容易的方法，就是新事业负责人或者成立新事业的核心成员反复向利益相关者宣传愿景。在招聘新员工时就要向他们说明愿景，此外，还要利用员工培训、全体大会等机会进行宣传。在这个时候，如果有可视化的图表效果更佳。

在经营环境发生变化，需要修改愿景的情况下，应该让员工也参与进来，共同思考应该如何修改愿景。据说欧姆龙的前社长立石义雄每天早上如果有时间的话就会直接和员工探讨公司的愿景和经营理念。

用语言宣传愿景的同时，经营团队也要以身作则实践愿景。如果愿景中含有加强为社会做贡献的要素，企业领导就要积极地为社会做出贡献。

向普通消费者等不特定多数的人宣传愿景时，需要采取一些特别的方法。如果事业内容是销售终端消费品的话，可以通过产品来间接地宣传愿景。只要坚持销售符合愿景的产品，产品就会具有一贯性。如果想更清楚地宣传愿景，可以采取让媒体宣传报道的方法。比如在报刊、杂志上刊登广告，或者让杂志通过专题报道的形式来宣传愿景。上述方法在向潜在的客户、投资者、员工等进行宣传时也十分有效，对将来的事业展开大有好处。

提高愿景对利益相关者的吸引力

事业的成功在很大程度上取决于利益相关者的活跃程度，因此，提出一个让利益相关者感觉有魅力的愿景，能够使他们积极地参与进来。前文中提到的谷歌的愿景对渴望充分发挥自己才能的商务人士来说就充满了魅力。谷歌是以技术人员为核心的技术开发型企业，所以吸引优秀的技术人员，并且让他们发挥出自己的能力至关重要。谷歌的愿景不仅对技术人员有吸引力，对从事市场营销的人才来说也具有吸引力，可以说这正是谷歌的过人之处（相比之下，索尼的企业宗旨则更偏重于技术人员）。

因商业模式不同，重要的利益相关者也会有所不同。所以应该先找出对事业成功不可或缺的利益相关者，制定对这些人有魅力的愿景，这一点至关重要。

六、结合商业活动的发展修改愿景

在前面的部分，我为大家介绍了事业计划期以及事业初期如何制定愿景。接下来我将针对事业走上正轨之后愿景的发展为大家做简单的介绍。

事业走上正轨之后，就进入了新的发展阶段——"转型期"。这一时期的特征如下。

• 没有直接参与过创业的新员工和经理参与进来。

• 专业化的组织开始负责各自的业务，创业成员不再亲自参与所有的工作。

• 很少再为资金周转和保障销量而四处奔走，开始将管理的重心放在事业的扩张和制定长期计划上。

· 供应商和顾客等外部的利益相关者开始增加。

基于上述变化，经营者应该如何对愿景进行修改呢？主要包括以下几个要点。

（一）使愿景更符合现实情况

首先，要让愿景更符合现实情况。实际上，新事业一经启动，经常会出现事业环境变化等事业开始前预想不到的事态，结果导致事业启动前制定的愿景和实际情况出现偏差。虽然偏差的程度各不相同，但随着事业的发展，"这样下去是否能够实现愿景"以及"需要多长时间才能实现愿景"等问题就会变得逐渐明朗。在这一阶段，经营者就需要根据实际情况对愿景进行修改。

（二）使愿景更加具体

第二个要点是修改愿景使之更加具体。在转型期，利益相关者的数量越来越多，各利益相关者参与事业的方式也愈发多样。为了得到利益相关者的理解，更具体、更简单易懂的愿景更有效果。

（三）维持创业初期的热情

在愿景更符合现实情况、更具体的同时，有一点却不能改变，那就是维持创业初期的热情。

任何人在开创新事业时都会有着崇高的理想。这也是吸引初期利益相关者以及获取新利益相关者的最大动力。如果忘记了最初的热情，只顾着如何赚取利润，愿景的魅力就会大打折扣，甚至可能失去一直以来的支持者。

Pasona Group 的董事长南部靖之即便在公司的销售额已经超过2000亿日元的现在，仍然坚持着创业初期"解决社会问题"的热情。

另外，即便创业时期的事业计划和创意没能够按照预定进行下去，创业初期纯粹的热情也能够一直坚持下来。

（四）将修改后的愿景渗透下去的方法

修改后的愿景的宣传方法和创业时期愿景的宣传方法有所不同。具体来说，修改后的愿景主要向外部宣传，而且次数也要增加。

如前所述，企业在转型期的组织体系在功能上和数量上都发生了变化。不但员工数量增加，如果在多个地区开展业务的话，空间距离也越来越远，这导致领导者向员工直接宣传愿景的机会越来越少。在员工中有的了解创业时期的情况，有的不了解；有的对领导者的愿景非常了解，有的不了解。

为了在转型期间解决这些问题，领导者必须对愿景的宣传方法进行修改。具体来说，就是领导者需要花费更多的时间在愿景的制定和宣传上。对于领导者来说，在转型期用于企业运营的时间有所减少，可以将这部分时间用来宣传修改后的愿景，增加向组织全体宣传新的愿景的活动。

因组织规模的不同，有的时候也需要让领导者之外的经营层、部门经理来担当宣传愿景的角色。但由于并非领导者亲自宣传，所以需要研究出一套更加慎重的方案。如今，在宣传愿景时，除了纸质媒体之外还可以利用网络，领导者应该充分利用一切办法尽可能地消除自己无法亲自宣传愿景带来的负面影响。

（五）确认愿景的渗透度

当领导者成功地将愿景渗透进组织内部之后，接下来要做的就是对愿景的渗透程度进行分析和验证。如果发现愿景的渗透力度不够，尚未在员工中达成共识的话，就要考虑是按照这个方法继续宣传还是换一个更有效的宣传方案。

确认愿景渗透度最简单的方法是向利益相关者尤其是员工进行提问。可以在开会时进行提问，也可以随时找个员工询问："我们企业的愿景是什么？"

在渗透愿景时，需要注意的不是"利益相关者是否记住了愿景的内容"，而是"渗透的愿景是否对经营活动有所帮助"。即便利益相关者一字不漏地记住了愿景的内容，但没有将愿景灵活应用在业务中的话也没有任何意义。因此，在确认愿景渗透度的时候，要将验证的重点放在是否和实际的经营结合起来这一点上（图表2-6）。

图表 2-6 愿景完成后的追踪：渗透和验证

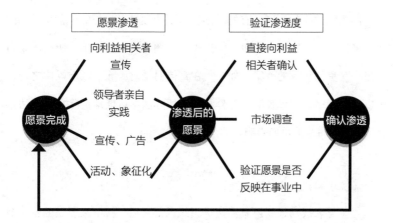

企业的使命和企业的经营理念

如今人们对使命和经营理念的关注度越来越高。因为在环境瞬息万变，个人价值观也愈发多样化的现代社会，使命和经营理念不但能够提高组织的向心力，还可以创造出良好的企业文化。

案 例

本田是日本具有代表性的汽车制造商，自1948年在滨松创业以来，先后在摩托车和汽车领域都取得了成功。

本田的经营理念在很大程度上反映出创业者本田宗一郎的哲学思想。本田宗一郎非常喜欢汽车和引擎，经常追逐远大的梦想，脾气火爆，总是向周围的人大发雷霆，同时他也颇有人情味，被员工像父亲一般敬爱。

在本田网站的主页上清楚地写着本田公司的基本理念、基本方针、运营方针（图表2-7）。

图表 2-7 本田网站的主页

> 基本理念：尊重人
> 三个喜悦：（购买的喜悦、销售的喜悦、创造的喜悦）
> 基本方针：放眼全球，竭尽全力以合理的价格提供高质量的产品，
> 让全世界的顾客满意
> 运营方针：永葆青春，常怀梦想
> 尊重理论、创意、时间
> 热爱工作、重视交流
> 构建协调的工作流程
> 坚持不懈进行研究和努力

与根据丰田汽车创始人丰田佐吉的思想总结而成的"丰田纲领"进行对比的话，可以发现两者在企业文化上的差异（图表2-8）。

图表 2-8 丰田纲领

> 上下同心协力，忠实于公司事业，以产业成果报效国家
> 潜心研究与创造，不断开拓，时刻站在时代潮流的最前端
> 切戒奢侈浮华，力求朴实稳健
> 发扬友爱精神，以公司为家，相亲相爱
> 尊敬上天，心存感激，为报恩而生活

丰田汽车拥有追求彻底消除浪费的"精益生产方式"和以"Just in time"（准时）为代表的生产文化，不断提高品质、削减成本，朴实刚健、实实在在的风气。与之相比，本田则是以梦想和喜悦为原动力，通过新

产品和新创意来开拓道路，实现事业的发展。

＊ ＊ ＊

"三个喜悦"的概念，是由本田宗一郎在1951年公司的内部刊物《本田月报》上率先提出的。

第一个喜悦是创造的喜悦。创造的喜悦是仅赋予技术人员的喜悦，造物主通过无限丰富的创造欲望创造了宇宙万物。同样，技术人员也能够利用其独特的技术生产出产品，为社会文化做出贡献，这是没有任何东西可以替代的喜悦。而且当该产品受到社会欢迎时，技术人员更能够获得至高无上的喜悦。我身为一名技术人员，一直为能够创造出这样的产品而努力。

第二个喜悦是销售的喜悦。我们是制造商，生产的产品通过代理店、销售店的合作和努力才能被送到消费者手中。在这种情况下，产品的质量和性能必须优秀，价格必须低廉，只有这样才能让从事销售工作的人感到喜悦。物美价廉的产品一定会受欢迎。产品的销量好就会有利润，销售者就会感到自豪和喜悦。如果生产的产品无法使销售者产生喜悦，那么，就是制造商的失职。

第三个喜悦是购买的喜悦。最了解产品的价值并给予最后评判的既不是制造商也不是销售商，而是在日常生活中使用产品的购买者本人。购买者发自心底的"啊，买了这个真好"的喜悦，就是对产品价值的肯定。"本田的产品价值由产品本身进行宣传，因为我相信公司的产品能够让购买者感到喜悦。"

如今，让顾客、员工、销售渠道等所有利益相关者都感到满意的思维方式已经得到普及。但在当时那个只要将产品投放市场就能卖掉的时代，本田宗一郎的这种想法是非常先进的。

＊　＊　＊

最能体现"三个喜悦"的商品就是自1958年上市以来经久不衰的摩托车——"超级幼兽"。

本田宗一郎曾说："我想造一辆车，能够让面馆的伙计可以一只手驾驶送外卖。"为了实现本田宗一郎的这个愿望，本田的技术人员在当时50cc的摩托车普遍采用二冲程引擎的情况下，最先采用了四冲程引擎。

而且本田选择用脚踏板而不是用手操作离合器，前挡板使用了新材料聚乙烯取代铁。在将重量降低到55公斤的同时还节省了成本。由于减轻了车身重量，使得这款摩托能够搭载转数高达9500转的高性能引擎，而油耗反而比二冲程引擎更低。

另外，油箱并没有设计在车身前部，而是放在了座位下方。这样一来，即便是穿着裙子的女性也很容易坐上去。在综合考虑了座位的高度，停车时脚与地面之间的距离与稳定性等多个要素之后，本田决定采用当时还未批量生产的17英寸的轮胎，向轮胎制造商提出专门为本田生产这款轮胎的要求。

本田宗一郎的得力助手藤泽武夫在看到这款连细微之处都很讲究的新产品后评价说，"月销售量大概可以达到3万辆"。当时本田现有车种的生产量为每月6000~7000辆，月产3万辆相当于当时日本国内所有制造商的摩托车产量总和，可以说这是一个非常大胆的数值目标。

因为仅凭原有的销售代理店无法完成这一销售目标，本田采取了直接邮寄广告的方式开拓新的销售店。最终在日本全国构筑起1500家的销售网络，其中有不少原本是木材商、干货店、松针菇的种植户等与摩托车完全没有关系的行业。但藤泽武夫认为，要想提供周到的售后服务，最好让扎根于当地的人来进行销售。

本田在杂志广告中使用的宣传语是"妈妈！面条还很劲道"。意思是如果骑着超级幼兽送外卖，面条送到顾客手中时还很劲道，着重强调了这款摩托车的实用性和便利性。

就这样，超级幼兽的月销量达到2.7万辆，成为畅销产品。

* * *

在国内取得成功后，本田又将目标瞄准了国外市场。1959年，本田进军美国市场。1961年，本田在德国汉堡成立销售网点。1963年，本田在比利时修建了当地工厂。

为了让全世界了解自身的技术实力，本田参加了起源于1907年，有摩托车界奥林匹克之美誉的曼岛 TT 摩托车大赛。起初，人们都认为本田肯定比不过历史悠久的欧洲摩托车制造商，但本田却在1959年的比赛中夺得第六名的好成绩。更在1961年的比赛中分别包揽了125cc 和250cc级别的前五名，被称为"世界的本田"。

本田发展到那个阶段，本田宗一郎的下一个目标是进军汽车市场。从1957年至1958年，本田录用了将近50名技术人员，开始进行汽车的研发。本田原计划一步一个脚印地稳扎稳打，开发出能够令人满意的汽车，没想到却遭遇了意料之外的情况。1962年，日本政府为了抵制贸易自由化，官民联手推进产业振兴，通商产业省（现经济产业省）提出了"特定产业振兴临时措施法"的构想。该构想的内容如下，"为了提高国际竞争力，将日本的汽车制造商整合为2~3家，再促进设备投资"。如果这一构想变为实现，后成立的汽车制造商就无法再进入汽车产业。本田宗一郎提出只有实行自由竞争才能发展汽车产业，要求给予本田生产汽车的权利。

为了抢在法案通过之前生产出汽车，本田加快了开发和生产的脚步。在1962年10月的汽车展销会上，本田展出了"本田S360运动汽车"等三个品种。虽然"特定产业振兴临时措施法"在国会审议中没有获得通过，成为废案，但在客观上促进了本田进军汽车行业的进程。1967年，本田生产的"本田N360"轻型汽车一炮走红，1972年又推出了"civic"这款小型汽车。

本田对梦想的追求即便在本田宗一郎离去后也一直坚持着。开发人型机器人"ASIMO"的大胆尝试让世人大为惊叹，但这一尝试也给本田的用户带来了"自己正坐在制造机器人的公司的汽车上"的梦想和喜悦。

如今汽车行业已经进入向油电混合汽车、电动汽车、燃料电池车等环保汽车的转型期，大型汽车制造商也必须顺应时代的发展做出改变。但也正因为如此，继承和发展本田宗一郎的哲学与梦想在今后变得更加重要。

理 论

一、什么是使命、经营理念

在之前，笔者对愿景进行了说明。那么，使命和经营理念又是什么？和愿景之间存在着怎样的关系呢？

使命，就是企业想负责任地完成的任务。比如，"持续向社会提供××、向顾客提供××""消除地球上所有国家的贫困"等就是最典型的使命。以本田为例，其基本方针就与使命十分接近。

经营理念则是企业安身立命的信念、哲学以及经营态度。比如，"用于挑战创新，不断在商业活动中打开新局面""为员工提供相互启发、不断成长的舞台"等。本田的基本理念就相当于这里所说的经营理念。

使命和经营理念与愿景的关系如图表2-9所示。

图表 2-9 使命、经营理念和愿景

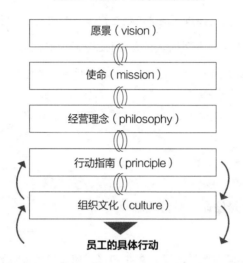

从上图可以看出，在使命和经营理念的下面还有行动指南和组织文化。

行动指南是指企业针对希望员工采取什么样的行动而制定的基本方针。比如，"心怀渴望""努力战胜他人""不受现有经营资源的制约"等等。以本田为例，相当于其运营方针。

组织文化是指在员工之间共享的价值观、意识或者习惯化的行为的集合体。比如，"避免争执""在质量和效率之间选择质量"等。形成组织文化的要素包括创业者的价值观、组织中积累的成功或失败的经验教训、学习等等，组织文化反映了组织的历史。和愿景等有所不同，组织文化通常没有明文规定。本田就因为具有良好的组织文化而享有盛誉，其"畅所欲言""勇于挑战"的组织文化一直被传承至今。

使命和经营理念之所以受到重视，是因为它们对员工日常行为习惯的影响等同甚至超过愿景，能够影响到组织文化。组织文化换句话来说，就是对企业来说什么是好的，会得到褒奖；以及什么是坏的，会遭到批判。

如果企业将"站在顾客的角度思考问题"的经营理念贯彻到底，即便上司不一一地发出指示，员工们也会理所当然地采取这样的行动。也就是说，企业拥有好的使命和经营理念，并将其贯彻到组织中，就能产生出好的企业文化，对利益相关者提供价值。与此同时，企业利益相关者（特别是员工和顾客）的满意度也会得到提高，使组织变得更加强大。

因此，保留能够提高组织成绩的组织文化，消除阻碍组织发展的组织文化对企业来说至关重要。要想做到这一点，必须以组织文化为前提，创建良好的使命和经营理念，并将其渗透和体现在组织中。这也是企业经营者和部门经理必备的能力。

强生的"信条"就是优秀使命和经营理念的典型例子（图表2-10）。可以说这其中不仅有使命和经营理念，还包括企业的行动指南。

据说在强生的员工和管理者不知道应该如何做出决策时，就会阅读"我们的信条"，思考如何做出与信条相符的决策。从这个意义上来说，"我们的信条"就是扎根于组织的使命和经营理念，对组织文化产生了很深的影响。

图表 2-10 我们的信条（Our Credo）

我们相信我们首先要对病人、医生和护士、父亲母亲以及所有使用我们的产品和接受我们服务的人负责 。为了满足他们的需要，我们所做的一切都必须是高质量的。我们必须不断地致力于提供价值、降低成本以及保持合理的价格。客户的订货必须迅速而准确地供应。我们的业务合作伙伴应该有机会获得合理的利润

我们要对世界各地和我们一起共事的同仁负责。我们必须提供包容性的工作环境，并将每一位同仁视为独立的个体。我们必须尊重他们的多样性、维护他们的尊严，并赞赏他们的优点。要使他们对其工作有安全感、成就感和使命感。薪酬必须公平合理，工作环境必须清洁、整齐和安全。我们必须维护员工的健康和幸福生活，并帮助员工履行他们对家庭的责任和其他个人责任。必须让员工在提出建议和申诉时畅所欲言。对于合格的人必须给予平等的聘用、发展和升迁的机会。我们必须具备能力出众的领导者，他们的行为必须公正并符合道德

我们要对我们所生活和工作的社会，以及整个世界负责。我们必须在全球更多地方支持更完善的医疗保健服务，帮助人们拥有更健康的生活。我们必须做好公民，支持并做好对社会有益的活动和慈善事业，改善医疗和教育，并缴纳我们应付的税款。我们必须很好地维护我们所使用的财产，保护环境和自然资源

最后我们要对全体股东负责。企业经营必须获取可靠的利润。我们必须尝试新的构想。必须坚持研究工作，开发创新项目，对未来发展进行投资，承担错误的代价并加以改正。必须购置新设备，提供新设施并推出新产品。必须设立储备金，以备不时之需。如果我们依照这些原则进行经营，股东们就会获得合理的回报

强调社会意义

　　除了营造良好的组织文化之外，宣传事业的社会意义也是制定良好使命和经营理念的重要条件。向企业外部的利益相关着进行宣传更为有效。

　　以强生为例，强生不仅明确表示要对顾客、员工、股东负责任，

还要为当地社会做出贡献。本田也提出"放眼全球，竭尽全力以合理的价格提供高质量的产品，让全世界的顾客满意"，将为全世界贡献价值作为首要任务。不论企业规模有多小，也是社会的一员，为社会做出贡献的企业自然会给他人留下好印象。

特别是近年来人们对CSR（企业的社会责任）的关注度越来越高。企业强调对社会做出贡献，不仅能提高员工的工作热情，还能够吸引更多的利益相关者，特别是优秀的员工聚集过来。

二、对组织文化的影响

前文中提到使命、经营理念对组织文化会产生重大影响。为了加深读者对组织文化的理解，我将再次对组织文化与使命、经营理念的关系以及区别进行论述。

首先需要注意的是，在企业员工采取行动之际，与使命和经营理念相比，组织文化更容易在员工的意识中扎根。即便企业提出了崇高的理念，如果某种行为在企业中形成了习惯，很多员工会根据这一习惯来采取行动。因此，根植于现场的组织文化的好与坏被看作是判断组织好与坏的重要因素。

愿景、使命和经营理念以及行动指南，只是意图（intent）而非结果，与此相比，组织文化既是行动的原因，也是结果。而因行动的结果不同，组织文化也既可能向好的方向发展，也可能向坏的方向发展（参照图表2-7）。

难以驾驭也是组织文化的特征。实际上，纵观世界上各种各样的文化，也很难找到"有意识地实现与渗透"的文化。而且，很多组织文化还存在因为追求"简单易行"而导致不断劣化的问题。比如曾经将"挑战"作为组织文化的企业，随着优秀的人才越来越多，企业不断发展，却丧失了挑战精神，官僚主义甚嚣尘上，这样的情况可以说是屡见不鲜。

由于愿景、使命以及经营理念这三者通常是在确认一致性的同时制定出来的，几乎都是明文化的内容，因此很容易发现其中的不一致。与此相比，组织文化很难以书面的形式可视化，很容易和愿景、使命以及经营理念这三者产生矛盾。

因为组织文化存在上述的特征和难点，经营者应该采取以下各种方法来维持良好的组织文化。

• 自己的言行。
• 人事考核等的评价。
• 人员录用、晋升（解聘、降级）。
• 撰写各种各样的故事和企业史并进行宣传渗透。

（一）营造有利于组织的良好的组织文化

为了营造有利于组织的良好的组织文化，认真思考使命和经营理念非常重要。和制定愿景一样，在营造企业组织文化时，共同创业的核心成员也要参与进来，通过策划、起草等过程对组织文化的背景保持相同的认识。

新事业负责人从事业启动之初就要重视营造组织文化。如果出现不好的组织文化的苗头，负责人要及时地将其扼杀。这是因为随着时间的推移，不好的组织文化也会逐渐成形。

新事业负责人必须下意识地营造良好的组织文化，用通俗易懂的语言进行描述，反复强调，并且在行动中体现出来。优秀的新事业负责人即便不特意强调要"营造良好的企业组织文化"，也会有"想让企业或者公司成为这个样子"的愿望，并体现在言行上。这样和有意识地营造组织文化能够取得相同的效果。

组织文化一旦在组织中扎下根，就容易变得僵硬。背景相似的人集中在一起的话，虽然组织文化会得到加强，但组织中就只会进入背景相似的人，在这一相互作用的影响下导致僵硬的企业文化不断蔓延。为了避免出现这种情况，方法之一就是有意识地录用不同背景的员工，在创业初期就树立起尊重个性的企业文化。

但即便背景不同，对新事业的愿景以及使命必须达成共识。假如成员之间不能够很好地沟通，团队也无法顺利运转。

专栏：良好的企业文化

哈佛大学的教授科特和赫斯科特认为良好的企业文化应该包括以下几点。

- 充分关注利益相关者。
- 重视发挥促进变革的领导能力。
- 制定符合外部环境的战略，并积极实践。
- 录用可以共享重要价值观的人，并开发他们的能力。

上述四点的关键词是关注外部、肯定变化、共享价值观。

除此之外，从重视个人和团队的行动的角度来说，还应该包括以下几点。

- 在向过去学习的同时，要否定过去，重新创造。
- 作为个体要有自己的主见。
- 积极主动地采取行动。
- 不仅要有独立性，还要有团队意识，在团队中学习。
- 对自己的目标、贡献、行动具有很强的责任感。
- 所有成员都要作为负责任的决策者来采取行动。

（二）组织文化的变革

如果组织文化不适应企业或时代的发展，就需要进行变革。

原 IBM 董事长兼 CEO（首席执行官）路易斯·郭士纳对组织文化的变革就非常成功。郭士纳主张把 IBM 从一个以大型及三级为中心重视产品和技术的组织转变为重视顾客的组织。郭士纳除了将营业组织从以产品、地区分类转变为以顾客的产业领域分类，改革组织形态和薪酬制度，让员工的薪酬与顾客满意度挂钩之外，为了树立重视顾客的榜样，他还身先士卒，亲自拜访顾客并记录下顾客提出的要求。

使命和经营理念固然重要，但很容易变成"美丽的口号"，与现实严重脱节。比如很多企业都提出"信任员工""重视顾客"，但"说起来容易做起来难"讲的就是这种情况。像 IBM 的郭士纳那样以身作则的行为也是看起来简单，实际做起来很难。

不仅如此，有时候经营者还会在无意识中做出与使命和经营理念相违背的言行。有的经营者提出"信任员工"，然而却不向员工做任何解释，只要求员工奉命行事，甚至在员工提意见时斥责员工"不要多嘴"。或许经营者认为这只是鸡毛蒜皮的小事，但正是这种不经意间的言行更会暴露出人或者组织"真正"的价值观。即便本人察觉不到，但是员工和客户都能够感觉出来。

使命和经营理念并不是堆砌华丽的辞藻就完事大吉，需要经常对其本质进行确认，并努力将其渗透进组织之中。

第

3

章

商业模式和战略

绪言：你的新事业能够在竞争中生存下来吗

在商业计划中，读者除了关注财务预测之外，还关注商业模式和事业战略的部分，因为这部分讲的正是"要开始什么样的新事业以及如何进行"。

打算向什么人提供什么价值？与竞争对手之间有什么差异？市场会扩大到什么程度？竞争是否激烈？事业成功的关键是什么？打算采取什么措施？如何形成规避风险的机制？竞争对手模仿产品、服务、事业结构是否容易？……在商业模式和事业战略的部分一定要对这些事业计划的要点认真研究。

不论财务预测写得多好，如果事业机制和战略的部分内容薄弱，就会给读者留下"这份商业计划没有经营战略做支撑，只不过是纸上谈兵"的感觉。事实上，像这样只是罗列漂亮的数字，"还没有抓到狐狸就算计着狐狸皮用途"的商业计划非常多。为了避免出现这种情况，新事业负责人应该在商业计划的这一核心部分上多花一些时间。

这部分非常考验新事业负责人的独创性和想象力。比如不能说"我们公司（或者说我们）也能做"，而是要说"只有我们公司能做"，"只有我们公司才能够在激烈的竞争中胜出"，这说明自己能够保持长期的竞争优势，而"我们公司也能做"则意味着这是一个"任何公司都能做"的事业。

在重视独创性和想象力的同时，新事业负责人还要在商业计划中对新事业的可行性进行详细的论证。不论商业计划多么新颖、有魅力，但计划本身并不能创造价值。只有将商业计划付诸实施，并且持续地创造价值才有意义。为了不让商业计划成为纸上谈兵，必须对可行性进行论证。

本章首先对顾客和企业应该向顾客提供的价值进行论述，也就是"向什么人提供什么价值"的部分。

随后，将对商业模式进行解说。商业模式是在搞清楚"向什么人提供什么价值"的基础上，说明"应该做什么"以及"盈利形式"的构想。如果这部分的设计不过关，即便拥有优秀的人才、技术能力和产品，仍然可能导致不赚钱、无法在竞争中取胜、不能适应各种变化等问题。

接下来我将根据上述内容，针对成功的事业战略进行解读。另外，本章会将其他商业类书籍中常见的战略论控制在最小篇幅，将解读的焦点集中放在启动新事业之际所特有的事业战略上。

在最后我将针对市场营销和运营的设计进行简单的解说。

希望本章的内容能够为大家在实际制定经营战略时提供参考。

目标市场和提供价值

要点

在事业运营过程中，能够带来现金流的首先是顾客。通过给什么样的顾客提供什么样的价值来获得现金流？这是新事业负责人首先应该思考的关键问题。在思考为顾客提供价值以及具体的产品、服务之际，必须考虑满足顾客的需求、符合顾客的KBF。

案例

镰仓信投是一家以向个人投资者提供资产保值增值服务，同时为社会的可持续发展做出贡献为宗旨的投资信托委托公司。2008年11月，镰田恭幸社长将曾经一起在外资资产信托公司工作过的同事们召集到一起，在镰仓的一所旧民宅中开始创业。

创业初期的四名成员在对公司的经营方向进行探讨时，正好赶上雷曼危机，迫使他们重新思考"金融的作用是什么""信用是什么""真正的富裕是什么"。经过激烈的讨论，以将自己想创造的价值变为现实为目的的公募投资信托"联合2101"成立了。

＊ ＊ ＊

　　镰仓信投除了利用股票价格的短期波动赚取差价，以及通过投机高效地获取利润之外，还希望通过所投资公司开展的事业以及与该公司相关的人创造的价值来获得利润。

　　因此，如图表3-1所示，镰仓信投的投资成果，不仅有通过投资股票获取的"资产回报"，也有"社会回报"和投资者"心灵更为充实的回报"。

　　其中"社会回报"，是指镰仓信投所投资的企业为社会创造福祉，使得镰仓信投自身今后也能够间接地享受到这份利益。

　　比如，镰仓信投所投资的企业录用了残疾人。与正常人相比，残疾人就业很困难。但如果将残疾人排除在社会的经济活动之外，残疾人就只能靠社会保障费或者在福利机构中生活，而这些费用都是由百姓的税金来支付的。据说一名残疾人一生所需的金额大约为2亿日元。

图表 3-1 镰仓信投的投资成果

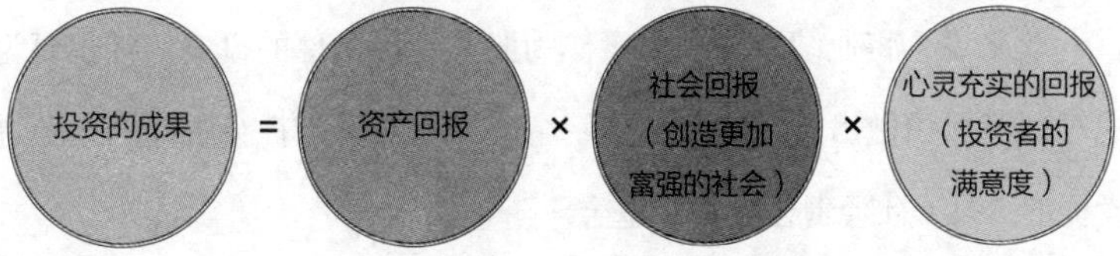

投资的成果 ＝ 资产回报 × 社会回报（创造更加富强的社会） × 心灵充实的回报（投资者的满意度）

但是，如果企业录用残疾人，让残疾人自食其力的话，他们就会从领取税金的人转变为缴纳税金的人。这不但对社会极为有利，也给我们带来间接的好处。镰仓信投将这种为社会做出贡献的活动也看作是企业产生的价值，并给予高度评价。

投资者通过将资金投入给志存高远、在为社会做贡献这件事上能够达成共识的企业，支持该企业的活动，也能够提高内心的满意度。

镰仓信投通过将金钱以外的要素"可视化"，将对今后的日本社会有利的活动也变成了投资的业绩。

＊ ＊ ＊

因为镰仓信投根据上述思路从投资者那里募集资金进行投资，所以其筛选投资方向的方法也很特别。镰仓信投不仅仅看该企业的业绩和发展前景，还从"人"（能够发挥人才能力的企业）"共存"（创造循环型社会的企业）"工匠精神"（具有日本匠人技术、优秀企业文化，能够提供让消费者感动的服务的企业）这三个观点判断该企业是否是今后的日本所需要的企业。

一般来说，将业绩以外的因素作为股票选择条件的投资信托主要为重视对环境保护做出贡献的环保型基金，以及对承担社会责任的企业进行投资的 SRI（社会责任投资）基金。

而"联合2101"的投资理念虽然和上述基金有相似之处，但出发点稍有不同。在重视和环境的"共存"这一点上和环保型基金是相似的，但这只不过是镰仓信投评价企业标准的一部分而已,如果该企业在"人"和"工匠精神"方面比较薄弱,也不会被镰仓信投列为投资的对象。

　　一般的 SRI 基金多从治理机制、规则,以及企业对主业以外的活动的参与情况等角度对企业做出评价。与之相比,镰仓信投更加重视该企业的经营活动是否是主业,以及事业的实体性、持续性以及一贯性。因为在很多情况下,让中小企业建立像大公司那样完善的企业制度是不现实的。但不管规模大小,只要每个企业根据自己的实际情况采取合适的方式为社会做贡献就足够了。因为主业以外的活动在主业无法盈利的情况下往往会被放弃,而镰仓信投更在意企业是否能一直坚持做主业,为社会创造价值。

　　实际上,一般的投资信托多把中小企业排除在投资对象之外。除了因为中小企业规模小、风险高之外,中小企业所需的资金规模太小,往往达不到大型基金的最低投资额。比如某基金将30~50家企业的股票列为投资对象,如果资金规模为1000亿日元的话,在每只股票上的投资额为20亿~30亿日元。这样一来,就很容易超过中小企业股票的总市值。

　　相对的,镰仓信投有时候以10万~100万日元为单位向中小企业投资。即便这样做的投资回报率非常低,但如果符合"社会回报"仍然会被列为投资对象。镰仓信投认为应该积极地对踏踏实实为社会做贡献的中小企业提供支援。

　　TOMUBISHI 是 AMITA 控股的子公司,为了实现可持续发展社会,在多个领域开展业务。除了实现林业经营规模化、集约化,以及增加间伐材附加值等对森林、林业资源采取综合管理措施之外，TOMUBISHI还启动了"森林学校"的项目，和当地的居民合作，开展宣传当地森林与树木的魅力和风土人情的活动。

在岐阜县生产开关盒的未来工业，采取重视人才的方针，提出了"保持思考"这一经营理念，并将其渗透进员工之中。未来工业通过改善工作条件，创造促进创新思维、提高工作积极性的环境，使四分之一的员工每年提出二十条以上的建议，平均每天生产出大约两个新产品，拥有的专利超过三千个。除此之外，未来工业还持续对文化活动提供支援。

但从整体上来看，有关这些中小企业的信息很少。镰仓信投认为风险不在于企业的规模，而在于不了解对方的情况。因此，镰仓信投的员工亲自前往各个企业，对经营理念、价值观以及其在员工中的渗透程度、企业文化和风气进行实地考察。

镰仓信投与其他基金的另外一个不同之处在于投资周期很长。对风险企业来说，接受风险投资之后，必须在规定的时间内将股票上市或者分红。为了满足这一要求，风险企业往往不得不采取和本来的事业性质不同的形式进行经营。在这一点上，镰仓信投的"联合2101"进行的是没有设定回收期限的长期投资，让企业能够专心去做自己该做的事。

* * *

为了让关注环境问题、残疾人就业等社会问题的人们都能够参与进来，镰仓信投通过作为评论员参与社会问题的讲座、学习会，以及自己主办这些活动，招募对自己的理念产生共鸣的人。

然而，一般人不可能放心地对复杂难懂的理财产品进行投资。如果是专业的投资者，对资产分配和投资时机等有一定的了解，而绝大多数的个人投资者是没有这些相关知识的。因此，镰仓信投的员工通过设计模型、进行数据分析等方法向个人投资者进行讲解，让他们知道资金是怎样运用的。一般来说，公募投资信托的投资报告中不会主动公开基金投资企业的相关信息，而镰仓信投的做法则与他们截然不同。

比如在每个月发行的"联合2101"月报上，不仅公开资金运营报告，还设有投资企业的介绍栏，说明这些企业的特征以及选择投资这些企业的理由等。镰仓信投认为，如果把钱投给信息透明、值得信任的企业，即便行情下跌，个人投资者也不会惊慌，能够安心地等待这些企业发展和壮大。

镰仓信投之所以能够做到这一点，是因为采取了直销模式。一般的公募基金，资金运用和产品销售分别由不同的人负责，银行和证券公司等对销售公司资金的运用情况知之甚少。而兼备销售公司功能的镰仓信投作为连接顾客以及所投资企业的接点，掌握资金的详细运用情况。镰仓信投凭借自身的这一优势，不仅通过书面和顾客进行交流，还为顾客直接与所投资企业的 CEO 及镰仓信投的资金运营者们进行交流搭建了平台。

史无前例的"受益人大会"就是其中的一例。和股东大会一样，镰仓信投每年召开一次这样的大会，向身为"联合2101"基金受益者的个人投资者汇报基金决算和运用的情况，还专门留出时间让接受投资企业的 CEO、镰仓信投的基金运营者以及个人投资者一起进行讨论。

在镰仓信投的经营理念（公司的志向）中，有三个"WA"的关键词（在日语中，"和""轮""话"三个汉字的读音都是"WA"）。第一个是代表日本普世价值观的"和"；第二个是通过交流共享梦想和希望的"话"；第三个是让人脉和梦想不断扩大的"轮"（图表3-2）。镰仓信投打算通过投资提供一个实现上述理念的平台。为了实现这个目的，公司经常在作为办公地点的旧民宅中举办各种各样的活动，以便让个人投资者和接受投资的企业领导在这里充分交流。

图表 3-2 三个"WA"

三个"WA"是镰仓信投的信条。"镰仓信投"希望给所有的个人投资者带来经济上的富裕，并提供一个能够培育和、话、轮的平台。

"和"

能够感觉到日本普世价值观的平台

"轮"

提供一个让人聚在一起、语言聚在一起、梦想聚在一起，并且不断扩展的平台

提供一个通过对话共享梦想和希望的平台

"话"

镰仓信投通过将个人投资者的小额资金积累起来，培育创造未来社会的公司。这种方法也会促进个人的意识改革。但是，为了让更多的人对镰仓信投提出的设想和价值观投赞成票，必须进一步增加参与者，让他们认同并宣传这些设想和价值观。为了创造富裕、美好的社会，镰仓信投公司的挑战才刚刚开始。

理 论

一、目标市场

顾名思义，目标市场是指以谁为对象开展事业。比如，"住在东京、资产在10亿日元以上的资本家""印度和印度尼西亚的贫困人口"等。在镰仓信投的案例中，目标市场的定义是"关注社会问题的个人投资者"。

通常在选定目标市场的时候要用到市场营销理论中的细分和目标框架。细分框架是指根据某个轴线来细分市场；目标框架是指将市场细分的哪部分作为对象（详细内容请参照 MBA 轻松读：第一辑《市场营销》）。

目标市场一般是金额规模很大，而且有增长潜力的市场。但这样的市场参与者较多，竞争激烈，要想在竞争中胜出绝非易事。正是这个原因，在市场细分理论和目标理论的基础上选择自身能够在竞争中胜出的目标市场非常重要。

（一）目标

在进行市场细分时通常多使用地理变量、人口动态变量、心理变量 、行为变量等作为轴线。除此之外，在制定新事业的计划时，以下变量也十分有价值。

1. 顾客对现有产品和服务的满意度

如果存在对现有产品和服务满意度较低的顾客群体，那么这些顾客对新事业来说就是有希望的市场。比如现有的网络证券、网络寿险没有涵盖到的顾客群体。镰仓信投的商品就是满足了现有的 SRI 基金等没有满足到顾客需求的商品。

2. 被现有参与者忽视的群体

有些被现有的市场参与者忽视的群体，如果建立起一个合适的商业模式，就可以将其变为自己的顾客群体。

比如在律师行业，押金问题等小额诉讼因为费时费力还不赚钱，一直没有律师愿意接这类案子。但有先见之明的律师事务所利用律师助理，通过处理过程的模式化和手册化，形成规模化经营，在这一群体的顾客身上取得了收益。

低端顾客群体有时候也有很大的市场潜力。企业（尤其是生产、技术驱动型的企业）往往会在无意识中将经营重点放在高端顾客群体上。这类企业偏向于提供超规格的产品与服务，员工也容易忽视简单的技术，这更加速了企业偏向高端客户群体的倾向（哈佛大学教授克莱顿·克里斯坦森将这一状况称作"创新者的窘境"）。

比如有的顾客认为手机只要能满足基本的通话和发短信的功能就够了，不需要其他功能。这类客户的数量也不少，可以将这类客户作为目标市场。

3. 对现有产品和服务的喜爱度、狂热度

喜爱度和狂热度属于一种心理变数，对实现事业的扩大至关重要。比如有的球队拥有很多忠实粉丝，如果面向这些粉丝销售 T 恤等相关产品不但能扩大销路，还能增加粉丝们来赛场的频率。

FC 巴塞罗那是足球界知名俱乐部，以"不仅是一个俱乐部"为宗旨，通过比赛唤起加泰罗尼亚地区居民的自豪感，除了门票收入之外，周边产品的收入也在不断增加。

4. 信息的非对称性

现在虽然已经进入信息化时代，但在企业和顾客之间仍然存在着信息的非对称性。尤其是在复杂的产品和服务（如金融衍生商品），以及一些不常用的产品和服务（如殡仪服务）中，信息的非对称性更加明显。一般来说，信息越不对称，定价就越容易，对商业活动的发展越有利。

（二）目标

通常，在市场营销理论中多使用6R的框架来分析目标。6R分别是有效的市场规模（Realistic Scale）、成长性（Rate of Growth）、竞争状况（Rival）、顾客的优先顺序/连锁反应（Rank/Ripple Effect）、实现的可能性（Reach）、反应的可测定性（Response）。

对新事业来说，特别需要重视市场规模、成长性以及竞争状况，也就是"市场有魅力而且自身能够在市场竞争中胜出"（参照图表3-3）。

图表 3-3 事业评估模型

能够在市场竞争中胜出（自身的强项和竞争的视角）

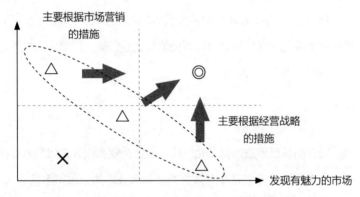

（市场规模、成长性、参与难度、竞争者数量的视角）

现有企业的新事业和风险企业不同，除了上述要素之外还要考虑"新事业是否符合整个企业的愿景、使命、经营理念""与其他事业的协调性如何"等。

（三）设想顾客的差距——创新理论

一般来说，设想的顾客对新产品和服务的接受程度是有差距的。在创新理论中，顾客群体分为：创新者、早期接受者、早期大众、后期大众、滞后者。

图表 3-4 创新理论

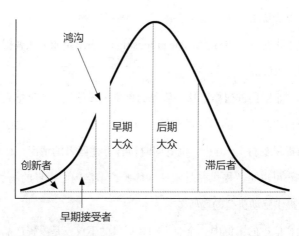

资料出处：杰弗里·摩尔《跨越鸿沟》。

因产品和服务的不同多少会有些差异，但创新者和早期接受者合计不到整体数量的20%。特别是高科技产品，企业要尽早发掘出创新者和早期接受者，对他们进行渗透，同时还要跨越横在早期接受者和早期大众之间的鸿沟，这在市场营销中是至关重要的一个步骤。

二、价值主张与产品和服务

在思考目标市场的同时，还要思考自身能够为顾客提供什么价值，落实到具体的形式上就是产品和服务。

（一）价值主张

价值主张在英语中称为 value proposition，表示企业为顾客提供什么样的实质性的价值。

比如"企业内部研修"这一服务的价值主张就是"通过把人事部门的功能外包，为人事部门提供充裕的时间"，或者"从人才层面为加强经营能力提供支持"。当然，也有同时包含上述两者的情况。比如剧场的价值主张可以是"提供非日常性的体验，丰富内心世界的场所"，也可以是"提供感动机会的场所"。

在镰仓信投的案例中，企业为顾客提供的不仅仅是投资产品，还有"社会回报"和投资者"心灵充实的回报"等价值。

很多人一上来就思考为顾客提供具体的产品和服务，这种做法本身虽然没什么问题，但很容易忽视顾客为什么烦恼、应该提供什么才能让顾客高兴等本质的顾客需求。

另外，如果拘泥于具体的产品和服务，也容易忽视本质上的竞争对手。比如，在年终岁尾推出用于馈赠亲友的高级火腿礼盒时，竞争对手就不是其他的肉制品，而是"适合年终岁尾馈赠亲友，外观好看且实用的礼品"，像啤酒、洋酒、调味品礼盒等。如果想到这一层的话，企业就会对价值主张有更深的认识，从而想办法与具有同样价值主张的产品和服务实现差异化。

基于上述原因，在近几年的商业计划中，尤其重视为顾客提供本质的价值主张。这要求企业追求新颖独特，在根源上实现与其他企业的差异化经营。

（二）产品和服务

在很多情况下，事业未必只提供一种产品和服务，为了实现价值主张，可能需要提供多种产品和服务。但不管开展怎样的事业，如果将其分解，必然会归结到一个个的产品和服务上。很多新事业在启动之初往往只提供一种产品或服务。

可以说，企业正是通过产品和服务，将价值主张这一抽象的概念落实到具体的"东西"和"事情"上。因此，在商业计划中要具体说明（有时候还要配上图片）经营的产品和服务，几乎已经算是常识了。

另外，虽然产品一般是指有形资产，而服务通常是指无形资产，但为了方便起见，在后文中都统称为产品。

在对产品进行分析时，不应该单从外形上的特征来进行分析，而是要将其作为一个整体来分析。

比如汽车这个产品，其本身的设计和性能固然重要，但组成汽车这个产品的要素不仅仅是这些。品牌形象、用户的印象、发生故障时（零部件损坏等）的应对措施等也包含在广义的产品中（图表3-5）。

图表 3-5 狭义的产品和广义的产品

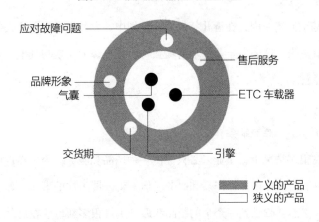

也就是说顾客会综合考虑品牌、售后服务、信息等附加功能，来判断产品的价值主张。

让我们以医院为例进行一下思考。医院的主要价值就是医疗行为，但是顾客并非仅凭这一点来选择医院。顾客会综合考虑医院的位置、停车场、候诊空间的舒适度、住院设施的充实度、医护人员的态度等。不管医院能够提供多好的医疗，如果距离车站较远、候诊空间狭小、医护人员态度不好的话，也不会有患者来看病的。

这种顾客在购买商品之际所重视的主要因素被称作 KBF。

新事业的负责人要在正确理解目标市场和价值主张的基础上，设计具体的产品，满足 KBF，这一点至关重要。

三、产品理念

在研发新产品之际，确立产品理念非常重要。特别是制造业等采用传统单纯型商业模式和价值链的行业，确立产品理念具有与制定事业计划相近的重要意义。

产品理念要"能够让用户想象出自己实际使用该产品的场景"，也就是能够具体地想象出产品的价值主张。具体包括以下的内容。

• 价值主张：通过手机，为顾客提供全方位的健康支持。

• 产品理念：面向18岁到40岁的女性，通过手机提供服务。根据输入的生理期开始的日期，预测并通知下次生理期和排卵日。另外，还可以根据顾客本人的要求和个人信息适当地发送减肥信息、美容资讯等。还准备了丰富的问答以供参考，每月收取固定费用。

（一）提出产品创意

产品理念并非是灵机一动就能想出来的，首先要从大致的创意开始。新事业的新产品创意大多来自新事业负责人，但实际上新事业负责人应该在组织上下功夫，让员工的创意反映在新产品中。比如举办头脑风暴、创意竞赛等活动。

产品创意大致可以分为能力型和需求型两种。能力型的产品创意一般来自"能够利用我们的优势做什么"，而需求型的产品创意则来自"市场上似乎有这种需求，有没有解决这一需求的方法"。

新产品和新事业要想获得成功就不能忽视顾客的需求，因此，一般情况下需求型的产品创意更受重视。但在开拓新市场的情况下，由于起初对市场需求的认识并不明确，所以能够发挥自身优势的能力型产品创意往往更加有效。特别是伴随着大规模创新（比如技术创新）的产品创意，甚至有人提出"彻底审视自身的优势，认真思考自己能做什么，在此基础上确认是否有这种市场需求的开发方法更为有效"。

（二）筛选产品创意、确立产品理念

这一阶段属于"对假设进行构筑和验证"的过程。鱼龙混杂的产品创意在经过这一阶段的筛选后，会形成更加抽象化的产品理念。

确立一个不容易被竞争对手模仿和赶超的产品理念至关重要，同时还需要构筑一种机制，防止其他竞争对手也参与进来。

对具体的产品来说，获得专利、垄断供货商等就是典型的方法。对服务来说，通过周到的运营和标准化服务，提高员工的工作热情等都能够加大竞争对手参与进来的难度。

（三）产品化

从产品创意、产品理念到产品上市销售，一般都要经过如下的步骤，如图表3-6所示（详细内容请参照 MBA 轻松读：第一辑《市场营销》）。

图表 3-6 市场导入的步骤

第1阶段			第2阶段		第3阶段			第四阶段
确立产品理念			验证战略假设		产品化			进入市场
1	2	3	4	5	6	7	8	9
研究产品创意	筛选产品创意	开发产品理念	分析市场营销战略	分析事业经济性	产品开发	试销	产品投产	新产品的市场导入

需要投入大量资源的产品开发，属于经营上的重大决策。因此，如果在各个阶段发现新的问题和信息的话，必须随时进行反馈，重新进行分析与决策。此外，在将产品投放市场之后也要继续对产品进行维护，努力维持和扩大产品在市场上的地位。

商业模式

要点

    商业模式是指从事业的供给侧，也就是自身的角度出发所看到的事业运营的结构。即便向类似的顾客群体提供类似的产品，因构筑商业模式的方法不同，事业展开的速度、财务风险、竞争优势等也有很大的不同。此外，在某一时期最合适的商业模式不一定永远是最合适的。

    在制定商业计划之际，需要根据事业未来的发展趋势，构思具有灵活性和竞争力的商业模式。

案例

    以"鸟巢"LOGO 闻名于世的雀巢，是总部设在瑞士的全世界最大的食品与饮料制造商。雀巢的 Nescafe 和 kitCut 等品牌在日本也是家喻户晓，咖啡是雀巢的主打商品之一。

    由于星巴克的出现，饮用比普通咖啡味道更浓的浓缩咖啡的习惯逐渐形成。但是，要制作浓缩浓咖啡需要高压过滤机器。即便购买家用的小型咖啡机，在过滤纸上装上碾好的咖啡豆粉进行过滤之后，还得清除因压力而变硬的咖啡豆粉，非常费时费力。无法像速溶咖啡那样，每天早上可以轻松地冲一杯喝。

＊ ＊ ＊

雀巢敏锐地觉察到这一市场需求，自主研发了"雀巢浓缩咖啡机"。用户只需要将装有咖啡豆的胶囊放在咖啡机的固定位置，然后按下按钮，胶囊就会自动进入机器，咖啡则随之流出。虽然机器加了高压，但完全没有烫伤的危险，也省去了用过滤纸过滤咖啡的麻烦。过滤后的胶囊会自动进入回收容器，之后统一清理即可，省去了清扫过滤纸的麻烦。而且因为采用了密封式的胶囊来装填咖啡豆，不必担心咖啡豆变质，还可以根据自己的心情来选择咖啡豆的种类。

雀巢最早想出这个创意可以追溯到1970年。自那时以来，雀巢经过长达十几年的研究开发，终于在1986年成功地实现商品化。1987年，这款产品开始在日本市场销售。

对于食品制造商雀巢来说，销售咖啡机还是第一次尝试。因此，雀巢必须从头开始建立产品的流通渠道。最初，雀巢先进军业务用领域，在酒店和机场推广，随后又正式进军家用市场。

2001年，雀巢将一直以来的手摇式压榨方法改为胶囊插入式。2005年，雀巢又推出了新款的"ESSENCE"咖啡机。结果，因为小巧方便、价格合理，瞬间成为热门商品。

2000年以来，"雀巢浓缩咖啡机"的销售额一直保持着30%的增长，

2009年的销售额更是高达27亿7000万瑞士法郎（约2300亿日元，按年均汇率1瑞士法郎 =86.2日元计算）。现在，雀巢共有16种咖啡机，价位在2万日元至7万日元不等。

* * *

雀巢浓缩咖啡机商业模式的特点在于，一般的零售店不销售咖啡胶囊，顾客在购买了雀巢浓缩咖啡机之后就相当于加入了雀巢咖啡机俱乐部，会长期持续性地购买咖啡胶囊。

复印机和手机等行业也在采用相似的商业模式。顾客一旦购买了硬件，就会定期购买墨盒等消耗品或者支付话费。

会员制的好处不仅在于固定客源。还在于可以不必和零售店进行价格交涉，能够维持定价。另外，由于会员制采用的是直销方式，省去了流通环节的成本，能够保障较高的利润率，不降价也能够起到维持品牌形象的效果。

咖啡胶囊的种类多达16种。一盒装有10个咖啡胶囊的产品价格为700~800日元。一次性购买15盒以上可以免运费，而且每年春季、秋季还会推出会员限定商品。

顾客可以通过互联网、24小时免费电话以及传真订购咖啡胶囊，3个工作日左右就可以收到商品。另外，雀巢还为会员提供有关选择咖啡的建议、咖啡机的使用和保养方法、浓缩咖啡的相关信息等。

除了顾客姓名和联系方式之外，雀巢还收集咖啡的购买金额、数量、种类等相关信息，为顾客提供一对一的定制化服务。

为此，雀巢制定了完善的会员服务体系。顾客在成为会员三周以内，就会接到会员优惠等信息，一到一个半月或半年，雀巢都会定期和会员进行联系。每当有关于活动和新产品的信息，都会第一时间提供给会员。如果顾客没有任何反应的话，雀巢会认为有可能联系事项没有传达到位，会通过信函等方式向顾客确认情况。

接到顾客发来的电子邮件，雀巢会在24小时内予以答复。如果咖啡机出了问题，雀巢会送去替代品或者进行维修。雀巢浓缩咖啡机的会员数在近年来迅速增加，截止到2009年，在全世界的会员数已经达到700万人。

* * *

雀巢浓缩咖啡机事业在雀巢集团内被定位为"奢侈品、高价产品群"的增长战略领域。因此，咖啡机部门提出了"为顾客提供顶级咖啡体验"的服务理念，在从理念和基本设计一直到研发、咖啡豆的生产、市场营销、顾客管理等所有层面追求一贯性和精品性。

由于咖啡豆属于农作物，产量容易受到天气和气候的影响，极品咖啡豆的产量也不稳定。因此，咖啡机部门对咖啡的甄选十分严格，其中AAA级别的极品咖啡豆仅占总产量的10%左右。

此外，雀巢还将几种咖啡豆混合在一起，保证味道和品质的均一化。这和将香槟倒入酒杯时为了保持味道一致，需要将几种香槟进行混合的做法是一样的。

将咖啡倒进杯子里时，泡沫的多少决定了咖啡的品质。为了让咖啡豆的香气能够充分地释放出来，咖啡机部门在设计上花了很多心思。雀巢的咖啡机不论大小，在设计上都能够达到19valve的压力，这比市场上销售的其他厂家的咖啡机压力都要高。

为了传达"使用严选的顶级咖啡豆，体验最佳状态下冲泡的咖啡"这一雀巢浓缩咖啡机世界观，雀巢在世界各地的大城市开设了190多个雀巢浓缩咖啡直营店，截止到2010年5月在日本全国共有17家。雀巢浓缩咖啡直营店在空间设计上给人以时尚、高级的感觉，专业的店员使用最新式的咖啡机和胶囊为顾客展示各种咖啡的冲泡方法。

雀巢实现差异化的关键之一就是像食谱一样整理出许多种咖啡的冲泡方法，比如从苦味、酸味等味觉方面考虑，选择黑咖啡或者添加牛奶的饮用方法、让顾客享受"个性化咖啡"。同时，雀巢还会根据顾客的要求对产品进行改良。

在直营店里，相关产品也一应俱全。印有雀巢浓缩咖啡LOGO的咖啡杯由世界一流的设计师设计、世界一流的瓷器制造商制造。除了咖啡之外，与之搭配的点心和巧克力等也都经过精挑细选。

为了进行宣传，雀巢从路易威登高薪聘请顶尖级的市场营销人才，在欧洲地区启用著名演员乔治·库鲁尼拍摄广告，引发强烈反响。为了让咖啡跳脱出日常用品的框架，产生出高级感，雀巢不遗余力地在世界各地进行宣传，打造咖啡的高级、奢华品牌。

今后，雀巢浓缩咖啡将通过咖啡品质、专业技术、独特的设计能力、加强与客户的直接沟通等一系列措施，在胶囊式咖啡机市场维持领先的地位，争取销售额实现两位数的增长。

理论

一、什么是商业模式

顾名思义，商业模式就是"商务的机制"，有许多种定义，其中最有代表性的定义如图表3-7所示。

图表 3-7 商业模式：各种定义

- 将商务机制和方法模式化（语言化、可视化），简明扼要地说明以什么样的形式向谁提供什么样的商品和服务，以及如何获得收益
- 表现事业构想的模式。常应用于表现 IT 应用、战略同盟和战略伙伴关系
- 事业理念（以什么样的形式向谁提供什么样的商品和服务）加现金收入模式的"盈利机制"

用图表说明商业模式并没有固定的规则。一般来说，为了让大多数人对机制的要点一目了然，可以像图表3-8、图表3-9那样，在介绍主要相关者的基础上，说明服务的流程和现金回收情况。

图表 3-8 商业模式示例：某体育俱乐部的新事业构想

（灵活应用的资产和
合作方）

（顾客）

某体育 ← 员工的自由意志

福利的
一环

现有

灵活应用的资产
- 指导健康的经验和设备
- 健康的印象
- 面向法人的项目

个人会员 ↑ 免费入会

发行证明

通过 IT 来管理
和通知健康状态

人事部

新事业

促进新陈代谢的
项目

B2B（合同、现金回收）

筛选候补人员

综合医院
诊断设备

定期体检
一般医学检查

健康指导
（改善体质、
饮食、运动）

和其他企业
的交流

个人

人寿保险

根据完成度提供折扣

和寿险公司合
作提供动机

沙龙活动的伙伴
提供动机

图表 3-9 商业模式示例：SEVEN 银行

SEVEN 银行和许多银行展开业务合作，以手续费收入作为主要收入来源，
将资金集中运用在国债上，彻底贯彻低风险、低回报的经营方针

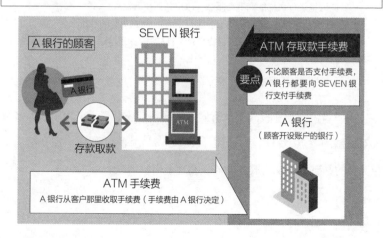

A 银行的顾客

SEVEN 银行

ATM 存取款手续费

要点 | 不论顾客是否支付手续费，
A 银行都要向 SEVEN 银
行支付手续费

A 银行
（顾客开设账户的银行）

存款取款

ATM 手续费
A 银行从客户那里收取手续费（手续费由 A 银行决定）

图表 3-10 商务体系

研究	开发	供应	生产	广告宣传	流通	销售	维修服务

图表 3-11 商务系统的示例：某无加工厂家电制造商

开发	供应	生产	市场营销	服务
• 不做基础研发 • 重视设计 • 聚焦高性能 • 严格的质量监控	• 通过网络廉价采购 • 决策迅速 • 高层直接交涉	• 在合作工厂进行组装 • 包装也外包 • JIT • 面向法人的特别款式	• 独特的广告 • 对比广告 • 高大上的品牌形象 • 直销 • 因特网	• 不提供面向个人的维修服务 • 和维修中心合作

　　另外，有一个和商业模式很相似的词，叫作商务系统。商务系统和价值链基本是同义词，将商业活动分为上游（左侧）和下游（右侧），再按照主要功能进行分解，将特征表现出来。

　　关于商业系统的功能应该分为几个阶段并没有特殊的规定，可以根据具体用途来自由选择。图表3-10 是最普通的区分方式，如图表3-10所示，只要将各个阶段具有什么特征明确地说明出来，基本上就可以使事业的结构和独特性一目了然。

顺带一提，在图表3-11的商业系统中提到的无加工厂家电制造商，用商业模式的形式表现出来如图表3-12所示。

图表 3-12 商业模式：某无加工厂家电制造商

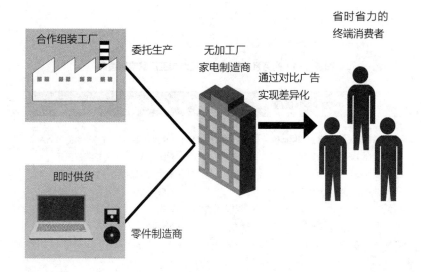

什么是优质的商业模式

优质商业模式的条件由许多因素组成，这里主要介绍三点：难以模仿、能够产生实际收益、能够灵活应对变化。

1.难以模仿

不论多么新颖的商业模式，如果很快就被竞争对手模仿，便无法在竞争中取胜。也就是说，商业模式必须有独创性，而且不易被模仿。

那么，什么样的商业模式难以被模仿呢？其典型要素如下。

• 拥有稀缺资源、和优秀的合伙人。

• 拥有优良的顾客。

• 通过先动优势占领市场，并具有较高的知名度。

• 优秀的运营手段。

• 投资额巨大。

• 有能够提高员工积极性，培训员工的体系和组织文化。

• 拥有核心竞争力。

比如图表3-9所示的 SEVEN 银行的案例中，SEVEN 银行的母公司 7&I 控股具有很强的运营能力和设计能力，而且便利店中的 ATM 数量在日本首屈一指，可以说 SEVEN 银行在事业初期就拥有优秀的合伙人，容易赢得顾客的信赖，让竞争对手很难模仿。即便竞争对手进行模仿，想要实现 SEVEN 银行那样的销售额和收益比登天还难。

2.能够产生实际收益

毫无疑问，最终不能产生收益的商业模式没有任何意义。

即便是如今被称为 IT 企业佼佼者的亚马逊，在业务刚刚展开的时候也被人怀疑"恐怕很难盈利吧"。这话说得也没错。亚马逊成立于1994年，1997年上市，直到2001年，也就是股票上市四年后才实现盈利。

亚马逊的创始人杰夫·贝索斯在创业之初估计需要四五年的时间才能盈利，但实际盈利所花费的时间远远超出他的预计。

被谷歌收购的 YouTube 现在依然采用广告模式来创收，尚未实现单独盈利（2010年11月），还只是从属于谷歌的一个服务内容。

要想实现盈利需要满足各种因素，关于这一点我将在后文中进行论述。

3.能够灵活应对变化

商业模式要具有灵活性，这一点也非常重要。事实上，许多取得成功的企业都根据实际情况变更了当初计划所设想的商业模式。

比如 Gree 在创业初期只是一个普通的社交网站，主要依靠广告收入盈利，但仅靠广告很难提高收益。于是，Gree 开始经营手机社交游戏，收益实现了飞跃式增长。

要想使商业模式保持灵活性，就不能雇用太多的员工，也不能在设备上投入太多资金，应该尽量借助外部力量来进行运营。

二、实现盈利

前文中也提到过，实现稳定的盈利是优质商业模式的必要条件。接下来我将为大家介绍几个几个典型的盈利模式。

（一）亚德里安·斯莱沃斯基的"23个盈利模式"

著名的管理顾问亚德里安·斯莱沃斯基在其著作《利润》中介绍了"23个盈利模式"（图表3-13）。

斯莱沃斯基认为，能够实现盈利的商业模式，大多符合这"23个盈利模式"中的一个或者几个。比如，英特尔符合"事实标准模式""时间差模式""专业化模式""相对市场模式""品牌模式""价值链定位模式"。前文中介绍的"雀巢浓缩咖啡"符合"客户解决方案模式""售后利润模式""品牌模式"。

拥有多个盈利模式意味着有更多的方式来构筑竞争优势，但这也并不意味着盈利模式的数量越多越好。与拥有大量不太赚钱的盈利模式相比，拥有一个很能赚钱的盈利模式对利润的贡献更大。反之，也有单独的商业模式不太赚钱，但是多个盈利模式组合得当也能大量盈利的例子。

只看这些分类很难把握盈利模式，关键是要意识到"盈利点在哪里"。比如，在餐饮店里酒水（啤酒、白酒）的利润率很高，因此，餐饮店提高利润率的一个关键就是"有多少让客人想多喝啤酒、白酒的菜品"。经营者不能想着在所有的顾客和所有的商品上都能获利，而是应该思考"哪些地方即便亏损也不要紧，哪些地方能够赚取丰厚的利润"。

图表 3-13 亚德里安·斯莱沃斯基的"23个盈利模式"

分类	模式名	内容	典型案例
第一组 吸引顾客	客户解决方案模式	优先确保用户	复印机、手机
	售后利益模式	通过售后服务获利	电梯维修
	售后利润模式	处于行业领军者的立场	个人电脑操作系统
	金字塔模式	通过低价商品屏蔽竞争者	汽车制造商的全系列战略
第二组 着眼于新产 品的周期	时间差模式	用投入新产品的速度决胜负	英特尔迅速投入新品
	新产品利润模式	把握产品生命周期	汽车制造商
	独特产品模式	深耕小型的市场	特殊化学产品、医药品
第三组 利用份额的 力量	相对市场份额模式	市场份额越大越有利	制造业
	区域领先模式	用占优策略降低成本	便利店、咖啡连锁店
	配电盘模式	让自身成为不可取代者	大型演艺产品制作
第四组 着眼于大型 产品和顾客	卖座大片模式	通过合理的管理获得巨额利润	电影公司、制造商
	大额交易模式	业务规模越大越有利	面向众多法人的业务
第五组 重复利用	多种成分模式	一个产品开展不同业务	洗剂、饮料
	利润增值模式	最大限度地灵活运用现有资产	利用角色、线上内容等盈利的模式
第六组 利用信息 优势	顾客解决方案盈利模式	彻底了解顾客的情况	信息系统、金融服务
	专家盈利模式	以专业知识作为盈利的手段	律师事务所、咨询师
第七组 利用成本 差异	经验曲线模式	以经验助力业务展开	大多数制造业
	低成本商业模式	速度是胜负的关键	沃尔玛、优衣库
	周期利润模式	利用价格差来盈利	汽车、化学产品
第八组 其他	创业者模式	以创业者思维为原动力	风险企业、特许经销业务
	品牌模式	抓住人类心理的弱点	品牌商品
	价值链定位模式	抓住价值链的高附加值部分	电脑行业中的英特尔和微软
	数字化模式	最大限度利用 IT	亚马逊

资料出处：亚德里安·斯莱沃斯基《利润》。

23个盈利模式中包含"数字化模式"，但随着IT技术的不断进步，"数字化模式"的说法显得过于笼统。因此，笔者将"数字化模式"在图表3-14做了进一步的分解，供读者参考，其中免费增值模式就是刚才所说的"知道在哪些地方能够赚取利润"的典型例子。

图表 3-14 "数字化模式"的分解

模式名称	内容	典型案例
广告模式	建立门户网站，创造广告价值，从广告主那里得到收入	谷歌、mixi
小额收费模式	通过小额服务，让顾客毫无抵触感地付费	手机服务
平台模式	建立供大量用户使用的平台，通过平台盈利	imode、iPod
免费增值模式	基本内容免费，部分内容需要付费才能使用	Adobe、Gree
网络外部性模式	加速普及，获得极高市场份额	Facebook

今后要开展的商业活动如何才能赚钱？清楚地说明这一点，对制定商业计划很有帮助。以下内容在制定商业计划时应该仔细思考。

• 自己公司的商业活动使用的是哪一个盈利模式？
• 竞争对手的商业活动使用的是哪一个盈利模式？
• 为了进一步提高利润，使用现在的盈利模式能否创造新的价值和利润增长点？
• 为了找到新的利润来源，是否能够使用其他的盈利模式？
• 自己的工作是如何盈利的？有没有与盈利不相关的作业？

• 将来的事业计划如何给公司带来利润？

• 在自己公司的计划中有没有会给利润带来损害，应该予以中止的业务？

• 自己公司在行业中能否建立崭新的盈利模式？

（二）事业经济性的基本

在前文中，我为大家介绍了"盈利模式"，但为了实现盈利需要真正理解事业的经济性，这是盈利的基础。接下来，让我们针对在各种各样的商业模式中思考事业经济性的关键要素进行分析。

1. 降低成本的机制

为了提高利润，当然要提高销售额，但削减成本也是不可或缺的。在设计商业模式和制定事业战略时，以下五个降低成本的机制十分重要：规模效应、学习效应、范围效应、网络效应、降低要素成本。

规模效应：扩大规模，分摊固定费用。

规模效应是一种通过扩大事业规模来分摊固定费用，使单位成本下降的机制。从价值链的角度来看，规模效应在研究开发费用和广告费用上最为有效。比如朝日啤酒在推出"super dry"以前，销售额仅为麒麟啤酒的1/6左右，然而支出的广告费用却相当于麒麟啤酒的70%左右。

另外，从更广义的层面来说，规模效应不仅能够分摊固定费用，还可以通过巨大的购买力增加话语权，降低采购成本。山田电机就利用规模效应这一强大的武器，实现了飞速的成长。

学习效应：通过学习积累，提高业务效率。

学习效应指的是通过长期开展一项业务，积累丰富的经验，从而减少浪费、提高效率，与缺乏经验的竞争对手相比，单位成本就会下降。具体来说，会出现缩短生产时间，提高单位产出，减少闲置经营资源等好处。

范围效应：通过和其他事业、业务共享经营资源，获取该事业或业务单独不能获得的成本优势。

即便事业种类不同，只要能够分摊成本，就比单独只开展一项事业的企业具有成本优势。比如，卫生巾和一次性尿布在技术开发（吸水技术等）、原材料采购、营销（向超市、药店等推销）等各种企业活动中都可以共享经营资源，也就是说能够分摊成本，这就比只开展其中一项业务的企业在成本上更占优势。事实上，在这两个事业领域，尤妮佳、花王和宝洁这三家公司分别占日本市场的前三位。

网络效应：网络领域的收益递增。

在网络领域，网络外部性机制的效果明显，最容易出现"使用的人越多越方便"的情况。因此，企业如果拥有为数众多的用户，就可以享受到大幅降低成本（特别是获得顾客的成本）的好处。20世纪90年代中

期，计算机操作系统就存在这种状况，相比苹果，微软具有绝对的成本
优势。

降低要素成本：降低人工费和租金。

从某种意义上来说，这是最简单的降低成本的方法。特别是日本的
人工费和土地价格昂贵，不断有企业把工厂迁往国外。另外，与其他国
家相比，日本的法人税率也很高（2010年）。所以，甚至有的企业考虑
把总公司都迁往海外。

2. 固定费用和变动费用的平衡

根据在企业活动中产生的成本是否会因企业的活动量（产量、销售
量等）发生变化，可以将成本分为变动费用和固定费用。

固定费用不管生产和销售的规模扩大还是缩小，其额度都是固定
的。比如，生产企业的生产设备折旧费和工厂员工的人工费就属于固定
费用。而变动费用是指随生产和销售的规模发生变化的成本，如生产企
业在生产产品之际所需要的材料费、消耗品费用等。

一般来说，如果固定费用占成本的大头，就要努力维持高开工率。
因为固定费用占比大，在利润覆盖固定费用（超过盈亏平衡点）之前都
属于亏损，但是超过盈亏平衡点之后所增加的销售额几乎都是利润。反
之，如果变动费用占比大的话，就需要注意使每个产品的利润（价格变

动费用）最大化。

在开展新事业的时候，出于规避风险的考虑，也要避免产生较高的固定费用，尽可能通过变动费用来进行弥补。因为与削减变动费用相比，削减固定费用极为困难（对绝大多数企业来说，削减固定费用意味着裁员或者减少生产设备）。

新事业的可怕之处在于，不论之前进行过多么周密的调研，产品是否能够销售出去，以及运营是否能够顺利进行都是未知数。有可能产品会出现某些瑕疵，有时还会出现意想不到的麻烦，都会导致产品卖不出去。在这种情况下，如果拥有大量无法立即脱手的固定费用就会产生很大的风险。所以，除了在事业结构上无论如何也需要的一定程度的固定费用（比如在餐饮业中无论如何也需要在人流多的地方有店铺）之外，尽量减少固定费用是最聪明的做法。

由于固定费用和变动费用具有上述的特性，除了会计学的定义之外，还可以将固定费用称为"自己承担风险的费用"，将变动费用称为"让外部承担风险的费用"。比如，充分利用外包机制的变动费用型商业活动，虽然销售顺利的情况下利润率不太高，但在销售不顺利的情况下损失也不会太大。假如能够把所有的成本都转化为变动费用的话，就绝对不会出现亏损，当然这种情况在现实中并不可能出现。

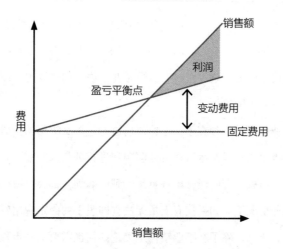

图表 3-15 固定费用和变动费用

销售额

利润

盈亏平衡点

变动费用

固定费用

费
用

销售额

3. 现金收入的时机

新事业特别是风险企业这样的独立事业体，在构建商业模式之际，最重要的因素就是现金收入和支出的时机。这一点很容易被忽略，但如果现金收入和支出的时机掌握不好的话，新事业很有可能因此而失败。

对刚刚起步的独立事业体来说，"会计上的盈利"意义不大。关于这一点，笔者会在第4章中详细论述，总而言之，对企业来说最重要的是设计一个重视资金周转，不让现金流为负数的商业模式。

让我们以出版行业中的外版书出版为例进行一下思考。这个商业活动的现金流情况如下。

主要的现金支出项目包括版权费、翻译费、印刷费。越是著名的作品，获取翻译权的竞争就越激烈，因此版权费很难控制。要想以翻译名著为主，就必须对这部分必要的运营资本进行估算。另一方面，如果以挖掘竞争不激烈的作品和作家为主的话，在版权费上就会有比较大的调整空间。然而，以挖掘竞争不激烈的作品和作家为主的话，出版社就不能将整个流程都委托给代理商，而是要在当地建立自己的信息收集网络，尽早接触和挖掘今后可能走红的作家。

关于翻译费和印刷费，出版社与受委托方的关系是最重要的因素。为了顺利开展这些业务（压低费用，延长支付期限），出版社可以建立起自己的翻译网络，或者让印刷厂出资形成命运共同体等。

不管怎么说，快速回收现金，尽量延长支出现金的时间对企业来说最有利。在思考开展新事业之际，不要拘泥于过去的习惯，要考虑如何才能控制现金流。

尽早回收现金就可以让资金周转更加灵活，这样的商业模式最典型的例子就是英语培训班和美容沙龙采用的先行付费制度。

回收初期投资需要花费多少时间，也是一个很重要的问题。一般来说，回收期间越短越好。当然，从金融学的理论来看，净现值（NPV）只要是正数，就有投资价值。但如果是新事业的话，很难准确地判断出十年之后净现值的情况。

有的事业回收期间短，能够尽早发现失败的苗头。有的事业回收期间长，发现失败的苗头也需要很长时间。在事业失败时，前者比后者蒙受的损失更小。因为如果能够早日回收投资，即便遇到挫折也不会使自尊心、名声和资产受到损失，可以尽早做出撤退的决定。

三、与外部机构的合作机制

在构筑商业模式时，如何与外部机构建立合作机制这一点也极为重要。接下来，笔者从业务外包、流通渠道和获取业务互补的企业等角度对这一问题进行论述。

（一）业务外包

日本的大企业并非所有的生产流程都能实现自给自足，而是通过和委托企业建立长期稳定的业务关系，实现信息共享，在与合作企业之间保持竞争状态的同时提高生产效率，这是日本大企业的传统经营模式。也就是说，尽量避免面面俱到导致经营僵化。

由于新事业（特别是风险企业）往往需要在经营资源受到制约的情况下构筑事业，因此，更需要通过更彻底的分工合作来提高事业整体的生产效率。

外包可以提高商业模式的效率和收益能力，具体包括以下两点。

第一，通过将经营资源集中在强项功能和附加价值来源上，进一步提高企业的核心能力。

第二，将自身做不好的部分委托给专业人士去做，可以防止企业整体竞争力的下降或者效率降低。因为企业事业展开的能力会严重受制于自身的短板。

比如在远程教育事业中，实现差异化的关键在于策划问题、解答、批改手册、使批改者组织化以及市场营销等。但在实际开展业务的过程中，给学生邮寄教材、和批改者对答案进行交流等环节需要花费很多时间和人手。学生对邮寄失误和邮件迟迟不到等问题的不满程度，甚至高于对教材内容的不满。这些部分对远程教育业务来说本来并不重要，如果想迅速展开事业，应该避免在这部分投入太多的时间和精力。当业务流程在一定程度上走上正轨时，就应该将这部分外包出去，将精力放在附加价值更高的领域。

将新事业的部分功能外部化的典型案例包括：自身专门进行产品的企划与开发费，将生产全部外包出去的无加工厂企业；通过与其他企业联合研发来减轻研发费用负担的企业；专门开发特许经营业务等事业机制的企业。

除了将主要经营活动外包之外，还有一种间接将部门精简的方法。企业要尽量规避拥有固定资产，通过租赁解决问题。另外，会计业务和劳务管理等也可以委托给信得过的专业公司来做。

为了充分利用外包的优势，企业必须严格区分自己保留的功能和委托给其他企业的功能，以及与其他企业合作实现的功能。越是专业化的企业越能够从为数众多的选项中做出最合适的选择。随着网络的扩大，还能通过发挥规模效应，进一步提高收益。

通过与其他企业合作来开展事业的"开放式网络"也值得考虑。与一直以来日本企业中常见的构建长期合作关系不同，开放式网络构筑的是一种以"最佳的时机""最佳的场所""最佳的成本"实现的自由交易关系。

此外，在将功能外包的时候，也需要注意这种做法的负面影响。商业模式内的各个活动并非独立存在的，而是和其他的功能有着密切的联系。企业内部的调整能力是让企业这一组织存在的基础。因此，即便将处于竞争劣势的活动外包出去，也未必能立竿见影地提高效率。

所以，在将业务外包之际，要立足于"没必要拥有所有的经营资源，也没能力拥有所有的经营资源"这一出发点，对以下内容进行分析。

- 自身的哪项功能能够确立竞争优势并不易被模仿？
- 将业务外包的坏处。
- 将业务外包的时机。

专栏：特许经营方式

特许经营方式是迅速扩大新事业的战略之一。通过这种方式，特许方（商业模式的提供者）向加盟者（从特许方得到特定地区商业模式的使用权，自己出资出力进行经营的个人或企业）提供包括产品商标的使用权，以及从商业活动构筑到运营系统的全部技术支持，作为回报收取加盟费。同时，还能够通过联合采购掌握定价权。

这个方式的最大的好处在于能够充分利用他人的资本与劳动，迅速扩大市场份额。而从加盟者的角度来看，很多人虽然拥有资金和创业欲望，却不知道应该怎么办，也有很多人想在控制风险的基础上有效运用资产。特许经营方式满足了双方的需求。

特许经营方式大多应用于需要连锁经营的餐饮业、便利店、补习班等领域，但也有一些最近才引进这一商业模式的行业，比如10分钟理发店 QB HOUSE。

另一方面，这种经营模式也存在着加盟者拥有各自的想法，难以统一思想朝着共同的目标前进的问题。为了维持品牌形象，特许方在征集加盟者之际，需要寻找能够在一定程度上共享价值观的合作伙伴。

此外，特许方需要让加盟者之间保持适度的竞争。比如，很快就在一家加盟店的旁边允许其他加盟者开店的话会导致竞争加剧，使加盟者对特许方产生不信任感。但如果过度保护加盟者，就会降低加盟者的企业家意识，而且对店铺型商业模式来说，店铺间距离过大会降低范围效应，难以降低在市场营销和物流等方面的成本。

在事业上升期，加盟者的经营积极性非常高，但当事业成长达到巅峰之后，加盟者的经营积极性就会下降，也不愿再对装修店铺等进行投资，使品牌形象受损，进而导致销售额下降，陷入恶性循环。这一点也需要特别注意。

（二）流通渠道

流通渠道作为企业与消费者之间的接点，对企业的销售能力会产生直接影响，所以对企业扩大事业规模来说有着重要的意义。

一般来说，建立流通渠道的步骤如下所示。

1.把握目标市场和经营资源

首先，要再次确认作为目标的市场。

2.明确是直销还是利用流通渠道

在判断选择直销还是利用流通渠道之际，要考虑总销量、产品线的规模、潜在顾客的地理集中度或者分散度、顾客的规模以及每次交易的交易量等因素。

如果是前所未有的新事业，为了积累经验，应该首先采取直销的方式开展业务，了解大概的情况之后再委托给流通渠道。

3.确定流通渠道的数量

如果将顾客的方便放在第一位，就要考虑增加流通渠道的数量。但如果企业希望提高产品的销售权对流通渠道的吸引力，就应该扩大流通渠道的销售范围，限制流通渠道的数量。

需要注意的是，不要让流通渠道之间以及直销和流通渠道之间发生摩擦。

4.确定开展业务的区域

一口气在全部范围内开展业务和限定区域与顾客慢慢扩大业务，在推销方法和所需要的经营资源上存在着很大的区别。

开展新事业的话通常采用第二种方式，但有的新事业需要一口气在较大范围内提高知名度，这样的话可以采用第一种方式。

5.选择渠道成员

选择渠道成员的基准包括以下几点：财务方面的专业性、能够起到的作用、擅长的产品领域、对顾客的交涉能力、与顾客的关系、交易条件、物流能力、信息水准、可控性。如果开展的是新事业，能够共享愿景和经营理念也是很重要的一点。

此外，新事业要求比一般的产品更早地确立品牌形象。因此，在签订合同之际，需要添加避免损伤品牌形象的条款。

如果产品策划缺乏独创性的话，可能会出现技术流失、渠道方自己策划类似产品等风险，所以最好在合同上添加禁止竞争的条款。

6.确定激发渠道积极性的策略

企业需要确定给予流通渠道多少利润空间，以及多大程度的支持（销售培训、运营合作等）。

在新产品和新服务的导入期，为了确保流通渠道，企业在多数情况下都会给流通渠道很高的利润空间，但这个利润空间确定下来之后就很难降低，因此企业在选择流通渠道时不应仅仅依靠眼前的利益来吸引对方，还要通过共享愿景和经营理念，让流通渠道和企业合作分享长期利益。

（三）获取业务互补的企业

业务互补，是指企业之间在产品上具有互补性，能够互相提高对方的产品魅力。比如 DVD 播放器和 DVD、电脑操作系统与应用程序等。在商业活动领域，企业拥有业务互补的合作企业越多，获得成功的概率就越高，这对企业来说是 KSF（成功的关键）。

微软就非常重视获取业务互补的合作企业。虽然微软本身也开发应用软件，但公司收益的主干业务是传统的 MS-DOS、Windows 等操作系统。决定操作系统吸引力的不光是稳定性和使用方便，最主要的是在这款操作系统上能够使用多少应用软件。

深谙此道的微软，坚持为从事软件开发的企业和工程师提供 micro soft visual studio 等开发工具包，不断地开拓合作伙伴。

苹果虽然在电脑操作系统方面不敌微软，却另辟蹊径，通过 iPod、iTunes 等业务，和具有业务互补性的乐曲及艺术家们进行合作，取得了巨大成功。当时，以 Napster 为代表的 P2P（点对点）免费文件共享软件十分流行，让音乐界蒙受重大损失。音乐界人士认为，"比起免费共享，倒不如稍微收取一点费用，让用户下载来听"，及时洞悉了这一想法的苹果与音乐界进行合作，实现了双赢。

通过上述例子不难看出，要想获得具有业务互补性的合作伙伴，光靠被动等待是不行的，而是要给他们提供具体的方便和利润（微软经常为软件开发商提供资金援助），需要通过愿景和战略让对方知道"如果和我们合作的话，你们也会获利"。为了不让愿景和战略成为纸上谈兵，企业必须具有迅速且强大的行动力。特别是对于重要的业务互补性合作伙伴（核心内容、核心应用程序等），企业必须提供更加有吸引力的条件。

电脑的操作系统和应用软件之间存在业务互补性关系，这很好理解。但有时候企业也很难区分互补品和替代品。比如 CD 出租业和 CD 销售业之间的关系就很微妙。当初，CD 销售业者认为 CD 出租业者抢走了自己的市场份额，但实际上有很多消费者通过租借 CD 发现自己喜欢里面的内容才决定购买 CD。由此可见，CD 出租业和 CD 销售业并非替代关系，而是互补关系。

对企业来说，很多事情事前是很难预测的。就某个产品或者服务而言，是替代品还是互补性产品？其中哪种倾向更强一些？这需要企业冷静地进行思考。

事业战略

新事业负责人在思考如何制定事业战略时，首先要了解该事业属于什么类型，因为与制定周密的经营策略相比，准确洞察并抓住商机的才能和能力更为重要。

另一方面，制定优秀的战略——有很大的胜算且切实可行的战略——对商业活动具有重要的意义。新事业负责人必须要根据实际情况，在有限的时间内摸索出最合适的事业战略。

开展 QB HOUSE 理发业务的 QB NET，自从1996年11月第一家连锁店开张以来，销售额不断攀升，2009年销售额达到94亿7300万日元。连锁店数量也持续增加，在日本全国有409个店铺，在新加坡和香港还有51家店铺（截止至2010年10月）。

QB NET 的服务理念在各个方面都颠覆了现有理发美容行业的"常识"。现有的理发美容店一般收费3000~4000日元，提供洗发、剪发、剃须、按摩等全套服务，而 QB NET 的创始人小西国义认为"有时候只想理个发，却要花费一个小时的时间接受全套服务，让人很不舒服"。他发现如果仅是理发的话只要10分钟就足够了，于是提出了"10分钟1000日元"的经营理念，强调经济实惠和节约时间的服务。

＊＊＊

从创意诞生到第一家连锁店开张，小西国义花了将近一年的时间来制定周密的计划。他通过电话调研的方式，对1000人左右进行需求调查，结果发现"10分钟1000日元"的理念比他预想中更受人欢迎。于是，他一边计划在短期内迅速扩张，一边制定开展业务的具体计划及措施。

首先，他砍掉了现有服务中多余的要素，只保留电源、椅子、毛巾、梳子、剪刀。不用给顾客洗头，理完发之后用空气冲洗机吸走头发即可。毛巾采用可回收材料制作的不织布毛巾，和梳子一样都是一次性的，用完就扔掉。这些一次性工具都可以回收利用，有利于环保，而且省去了清洗和管理的成本，非常高效。

必要的工具都放在 QB NET 独创的"QB 货架"上，员工们不必来回取用工具，可以专心理发。

QB NET 还引进了1000日元钞票专用的售票机，这样不但省去了收银台的人力物力，而且不必担心找零钱的问题。值得一提的是，QB NET 并非请别人专门设计的售票机，而是得知有个大型制造企业的库房里堆满了1000日元钞票专用售票机，于是廉价购入了一批这样的机器。

QB NET 对椅子的成本也很重视。与其他理发店使用的座椅相比，QB NET 座椅的舒适度可能差一些，但 QB NET 通过缩短服务时间和理发服务价格低的优势抵消了顾客对这一点的不满。

就这样，与传统的美容理发店在各个方面都有所不同的 QB NET 第一家连锁店在神田开业。虽然开张的第一天就赶上下雨，但仍然有 116 名顾客光顾。对理发店来说，1 天有 100 个客人光顾就算成功。因此，116 这个数字还算不错。

QB NET 新颖的商业模式被媒体争相报道，即便 QB NET 自己没有大规模地打广告，但顾客的口口相传也使其声名远扬。小西原本在医疗设备租赁和医疗系统咨询公司从事经营管理工作，理发美容对他来说是一个全新的行业。也正因为如此，他才能不受行业的常识和传统框架的束缚。之后，QB NET 的经营逐渐走上正轨，第一年就实现了盈利。

* * *

在第一家连锁店取得成功之后，QB NET 开始加速连锁店的扩张。为了加强店铺管理和贯彻低成本运营，QB NET 抢先导入了利用互联网的管理系统。当时（1995 年），互联网的普及程度并不高，但 QB NET 仍然投资 1 亿日元开发了专用的系统。

比如在座席上安装感应器，顾客坐了一定时间之后，就会被计入顾客数量。收集来的数据先保存在连锁店的电脑里，每天晚上闭店后发送到总公司的管理服务器上，由管理服务器进行统计和分析。这样，第二天早上就能够确认连锁店的销售额、每个员工的理发人数等信息。

2001年，QB NET 又引进精度更高的新系统，建立了能够更加详细掌握顾客接待相关数据的体系。

首先，顾客在售票机上买票的同时就会被记录下时间。在理发的时候，员工会将顾客的票号、性别、年龄、是新顾客还是旧顾客等信息输入到安装在 QB 货架上的终端机上，这样就能把握顾客的等待时间。最后，将剪掉的头发收入座席下面的垃圾箱时，就会作为理发结束的时间自动记录下来，从而把握接待顾客时间的全部情况。

QB NET 将人工部分和自动化部分明确地区分开来，追求高效运营。以价格低廉为卖点的商业模式都需要通过提高运转率来做到薄利多销。为了让员工专心理发，尽量接待更多的顾客，QB NET 不要求员工做事前准备和打扫等工作，也不要求员工写业务报告书和工作日志。虽然这样会导致公司总部难以把握各个连锁店的情况，但 QB NET 拥有完善的数据系统，从数据上就可以掌握各个连锁店接待顾客的情况、问题点和顾客的倾向。

QB HOUSE 中没有客户咨询电话，咨询和投诉都由总公司来负责应对。为了让顾客了解店内的客流情况，在连锁店的外面设置有信号灯（绿、黄、红）。绿色意味着马上就能理发，黄色意味着等待时间为5分钟至10分钟，红色意味着等待时间为15分钟以上。QB NET 通过在这方面的努力，节省了大量人手。

＊　＊　＊

在日本的理发美容行业中，很多店铺都采用师徒制度。理发师即便获得了国家级资格证书，也得从打扫卫生、洗头之类的工作开始，而且学徒的时间还很长，很难有亲手给顾客理发的机会。学徒期的待遇和临时工差不多，而且难以积累工作经验，很难有独立工作的机会。

而 QB NET 则让刚从理发美容学校毕业的人，在入职后接受由一流的培训师进行的为期3个月的理发培训。员工入职后第一个月的工资是24万日元，比行业平均工资还高。培训结束后，员工会被分配到连锁店，立刻作为正式职员给客人理发，并且根据技术的熟练程度，一年有两次涨工资的机会。QB NET 完全采取实力至上主义原则，不考虑年龄、工龄及性别等因素。

QB NET 还设置了合伙人制度，以让员工接手直营店的形式支持员工独立运营。有三年以上店长经验的员工都可以申请成为合伙人，区域负责人会对申请者进行审查。评分项目包括有无迟到、投诉次数等大约50项，100分满分，95分以上的人可以入选。

加盟费是销售额的10%，减去其他的费用之后所剩下的就是店长的收入。店长独立运营之后，这个连锁店给 QB NET 带来的收入会减少，但本来这个行业的离职率就很高，通过这项制度，优秀的人才会作为合伙人保留下来。小西认为，如果能够不断增加连锁店的话，从长远的角度来看对公司是有利的。

＊＊＊

虽然QB NET在服务、运营、人才等各个方面都给理发美容行业带来了全新的思维方式，却因为受到法律法规的限制，在某些领域无法按照原定的计划开展业务。

比如美容师和理容师看起来相似，但是资格证书完全不同。理容指的是"通过理发、刮脸等方法，来修整容姿"（理容师法第1条之2）；美容指的是"通过烫发、盘发、化妆等方法使容姿美丽"（美容师法第2条），要取得这两个资格证必须分别通过国家级考试。而且，法律规定理发业和美容业不能共用一个店铺同时营业。

QB HOUSE的服务只有理发，员工既可以是理容师也可以是美容师。但因为不能同时营业这一法规的限制，QB HOUSE必须明确自己的定位。如果以理容店的名义备案就只能录用理容师，如果以美容店的名义备案就只能录用美容师。在这种情况下，QB HOUSE只能根据录用的员工情况来决定备案内容，结果在一个地区既有理容店也有美容店。但这样一来，QB NET就无法灵活地配置员工，难以提高业务效率。

在扩张的过程中，QB NET也遇到了法律上的问题。比如QB NET开发出名为"QB SHELL"的包厢式连锁店，只需要一把椅子、一面镜子、一个员工就可以开展业务，一次只能为一个顾客服务。这种商业模式可以充分利用车站、百货商店的楼梯间等闲置空间。

但面积仅为3.6平方米的"QB SHELL"，因为不符合日本理容店和美容店的设置标准，不能够单独开店。虽然可以将几个"QB SHELL"拼起来开店，但又必须符合"拥有相当于店铺面积六分之一的等待室"这一法律规定。而且，法律规定理容店和美容店必须设置与下水道相通的管道设施，因此有的时候 QB NET 不得不设置根本不用的设备。

QB NET 为了不让开发"QB SHELL"的努力化为泡影，只能到比日本限制少的国家寻找活路。QB NET 首先在新加坡的国际机场开设了"QB SHELL"，计划今后在国外继续推进多店铺化的战略。

今后，QB NET 还会在国内与各种各样的法律限制做斗争，同时，继续进行新的挑战。

理 论

正如在本章绪言中说过的那样，笔者会将通常的经营管理类图书上讲过的战略论控制在最小的篇幅，重点针对在新事业起步时特有的事业战略进行解说。关于普通的战略论，请参考迈克尔·波特的著作。

另外，因为成本领先战略和差异化战略作为竞争战略的基本内容必须掌握，所以笔者通过专栏做简要的说明（不包括缩小对象范围的"集中策略"）。

专栏：成本领先和差异化

迈克尔·波特指出，企业要想保持长期的竞争优势、在竞争中胜出，必须实现以下两个策略中的一个，或者两个都实现。

- 以比其他企业更便宜的价格提供同样商品的"成本领先战略"。
- 通过提供与其他企业不同的商品，实现稀少价格的"差异化战略"。

成本领先和差异化并非必须二选一的战略，而是可以同时实现的。丰田就是最典型的示例，丰田让安心和品质方面实现差异化的同时，生产和运营的成本又比竞争对手更低。因此，丰田才能取得现在的成功。

一、把握事业特性

在事业中，存在虽然对经济性产生影响，但却难以用定量的数据来进行表示的特性。比如"先发优势""顾客口碑""品牌形象"等特性。这些与事业相关的特性被称作事业特性。此外，事业特性中与属于事业获得成功的关键因素被称为 KSF。

在思考商业模式和事业战略时，必须把握事业的特性，搞清楚如何才能在竞争中取得优势。

接下来，我将针对几种商业活动的事业特性进行分析。

（一）旧书店

旧书店的种类各种各样，因此其事业特性也各不同。

有的旧书店以经营高价的珍稀品为主，因此其店铺所在的地理位置并不重要，事业成功的关键在于确保珍稀品的供货渠道，以及能够购买珍稀品的顾客。而对于主要经营过期杂志和二手书籍的旧书店来说，地理位置以及相应的旧书品种齐全度是经营能否顺利进展的关键因素。

前者要求采购者有很广的人脉，并且拥有鉴别能力。如果无法分辨商品的好坏，或者无法判断商品的价值，就无法赚取利润。此外，经营者还需要构筑起能够第一时间获得商品信息的网络。因此，前者的事业与后者相比，更需要充分利用人脉和网络合作。与之相似的事业还有房屋中介等。

而对后者来说，不需要拥有特别专业的鉴别能力。对地理位置和销路的把握，以及高效的运营和员工培训更为重要。这和餐饮店以及小卖店的经营方式比较接近。通过将这一点做到极致构筑起全新商业模式的当属 BOOKOFF。BOOKOFF 在交易旧书时的判断基准只有"新旧程度"。因此，即便是临时工店员也可以按照工作手册上的标准来做出判断。低价收购二手书然后将其翻新，在较好的地段开店廉价出售就是 BOOKOFF 的商业模式。

（二）社会性网络服务

SNS 属于典型的服务业，通过运营维护保持用户满意度、排除劣质用户等措施至关重要。另外，由于网络外部性发挥着强大的作用，如果能够充分利用先发优势，就会有获取更多市场份额的机会（请参照后面的内容）。美国的脸书就是个典型案例。

另一方面，SNS一旦信用下降（比如无法应对用户需求，因服务器崩溃导致无法使用等），要挽回形象需要付出艰辛的努力。因此，在业务扩张的同时，也要尽量避免服务器超载导致出现无法应对的问题。

（三）名牌服装生产

名牌产品的卖点不是功能而是形象。因此，最好避免追随大众市场扩大产品线之类的事业展开方式。

另外，从商业模式整体的角度来说，要尽量避免让世人得知自己正在采取与品牌形象不相符的经营模式。比如以极低的工资让发展中国家的非熟练劳动力从事生产等。

那么，企业要如何才能判别自身的事业特性，以及关键成功因素呢？关于这一点，虽然没有什么简单易行的公式可循，但在某种程度上仍然有一定规律。

首先，企业应该倾听顾客的声音。具体来说，要知道顾客对现在的服务是否满意，以及顾客在购买产品或服务时的主要侧重点（决定购买的主要因素）。比如面向社会人的商务学校，就要了解顾客对地理位置、价格（学费、课时费等）、听课制度（有无入场券制、调换日期制等）、时间（全年无休、夜校等）、知名度、讲师、教材、毕业生的实绩等因素的重视程度。

在此基础上，还要对现有业者（假如是全新的行业，可以看看国外有没有类似的事业）的商业模式及产品和服务进行验证，对比市场份额以及收益性高的公司和低的公司之间有什么区别。有必要的话，为了验证自己制定的假说是否成立，可以向业界的专家请教。

有的商务学校将师资力量放在第一位，通过比其他商务学校高一倍的薪资来吸引优秀的讲师，从而提高收益。也有的商务学校认为学生的质量最重要，于是通过给优秀的学生颁发奖学金来吸引学生。由此可见，对商务学校事业来说，优秀的师资力量和优秀的学生必不可少。经营者需要思考为了做到这一点，应该构筑怎样的商业模式。

专栏：价值基准的基本战略

迈克尔·特里希和弗列德·威尔斯马给价值基准下的定义是"成功的企业为顾客创造价值的方法"，并提出了"产品领先""卓越运营""客户关系"的三要素。这一理论框架对思考事业特性很有帮助。

产品领先：以不断提供最新的产品和服务为目标。通过追求创新，经常推出新产品和服务持续提供价值来防止竞争对手模仿。

卓越运营：不断改善生产和销售方法，保持竞争优势。

客户关系：以提高顾客忠诚度为目标。通过较高的顾客忠诚度来强化与顾客之间的关系、提高销售力的同时，根据顾客的反馈意见进行改善。顾客忠诚度能够使企业占据竞争优势地位，防止被其他企业取代。

另外，KSF 还可以分为"如果没有这个条件就不会成立的必要条件（must have）"和"虽然不是必要条件，但具备的话会更有利（nice to have）"两种。经营者需要尽早区别这两类成功要素。比如好地段这个要素，对会计师事务所来说属于"nice to have"，但对餐饮店和商店来说，好地段就是"must have"。

二、新事业的类型

制定战略的基本方法，就是在事业特性的基础上满足 KSF。为了帮助大家加深理解，我将事业类型分为利基商业活动、分散型事业、革新型事业，分别为大家进行说明。

上述三种类型并非相互独立，事业有时候可能具备其中两种类型，有时候兼具三种类型。另外，某种类型的事业还有可能进化为其他的类型。这意味着必须全面理解这几种类型。

（一）利基事业

利基事业是指在事业或市场中寻找利基（夹缝）领域，在这一有限的领域内获得较高的市场地位，维持企业的收益性。

比如专门面向女子高中生的信息杂志，以及专门销售大尺码的女装等。

图表 3-16 事业类型

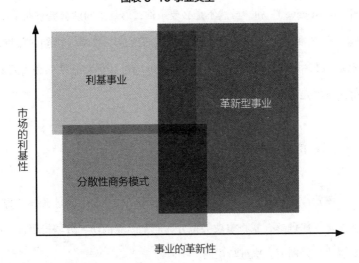

（二）分散型事业

因为没有任何竞争要素能够在市场上独占鳌头，所以企业要想占据绝对的市场优势相当困难。事业的成功和收益性主要受企业在各个阶段的努力程度和创新等要素的影响。

与地区关系密切的事业和事业扩大后成本下降余地很小的事业就是典型的代表。比如餐饮行业的参与者会利用位置、价格、商品种类、顾客服务、店内氛围、知名度等武器来展开竞争，但是在这些要素中没有一个能够在市场上取得绝对优势。因此，在这一行业中出现新加入者和失败者起死回生的情况十分常见。QB HOUSE 所属的理发美容行业就拥有比较浓厚的分散型事业的特性。

（三）革新型事业

革新型事业指的是开创前所未有的巨大市场（创造这类商业模式的战略也被称为"蓝海战略"），以及通过引进新的竞争规则为顾客提供新的价值的事业。

前者最典型案例有以前的卡拉 OK 和在前文中提到的 QB HOUSE，后者的典型案例是前文中提到过的 BOOKOFF。革新型事业的关键在于不被常识束缚，思考如何创造新产品、新商业模式和新竞争规则。

在下一节中我将针对各个商业类型如何制定事业战略进行分析，特别对革新型事业进行详细的论述。因为笔者深切地感觉到，只有革新型事业才是现在日本最需要的商业模式。

事业类型除了上述分类之外，还有通过优势模型演算出的四种商业类型。因为这种分类也十分有用，我将在专栏中进行简单的介绍，供大家参考。

专栏：优势模型

优势模型是以"竞争战略变数的多寡"和"确立绝对优势的可能性"为轴制作的模型。

如果竞争要因（战略变数）的数量少，竞争手段就会受到限制，因此更容易决出胜负。而如果确立优势的可能性大，在竞争中处于优势地位的可能性也就越大。

在优势模型中可以推导出以下四种商业类型。

一、分散型事业

这个定义和前文中提到的类型基本相同。事实上，没有大企业的行业，可以说在结构上就属于"很难做大的事业"。比如拉面店就是其中的典型。迈克尔·波特将这样的行业称为"大混战行业"。

二、特化型事业

特化型事业包括"事业规模"在内的多个竞争要素，而且通过市场的细分，采取不同的策略可以提高收益性。在不同领域都有强势企业存在的仪器行业、杂志行业等就属于这种类型。

三、束手无策型事业

束手无策型事业的特点是确立竞争优势非常困难，不论哪个企业都很难提高收益。小规模企业遭到淘汰，剩下的大企业也很难实现决定性的差异化和成本优势。一部分采矿企业属于这种类型。但也有像墨西哥的水泥企业 CEMEX 这样，在被认为是束手无策型事业的行业内凭借差异化战略取得成功的例子。

四、规模型事业

事业规模是最重要且近乎唯一的竞争要素，企业通过追求规模效应就能够确立市场竞争优势的事业。比如产品和服务的差异性较低，而研发、生产、广告等的规模效应起主要作用的话，这种倾向就很明显。以新药为核心的制药厂和一般的商业银行属于规模型事业。

图表 3-17 优势模型

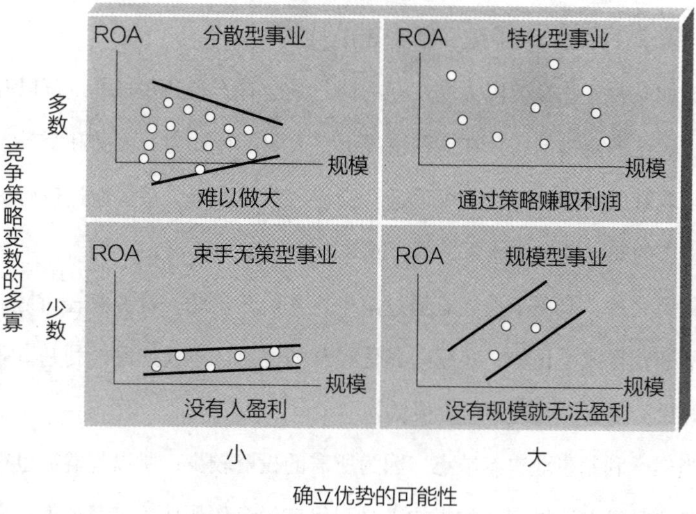

资料出处：笔者根据戴维·阿克《战略市场经营》制作。

三、利基事业

（一）什么是利基事业

利基事业有时候会取得远超预期的收益。虽然与其他的新事业相比，利基事业产生的现金流数额比较小。但只要在所选择的事业领域中能够维持较高的市场份额，就能取得高收益。不过，经营者在利基市场取得再多的成功，也难以得到世人的关注，再多的光鲜和亮丽都只能孤芳自赏。与其说统治利基市场是因为充满刺激和吸引力，不如说是在利基市场中更容易取得胜利。

利基事业的优点在于未必需要革新性的理念（产品理念、商业模式），而发现竞争不激烈且具备一定市场规模的事业的嗅觉最为重要。顾客的需求往往是由行业的一般常识引导的。

比如某种宠物在美国大受欢迎的话，就会有人想到在日本也可以开设专门卖这种宠物的店。在这种情况下，大胆的行动力、人脉和交易技巧就是取胜的关键。与供货渠道进行交涉、建立友好关系、通过口碑提高宠物店的知名度等才能更是不可或缺。

除此之外，利基事业还有通过集中投入经营资源，就能够轻而易举地在早期获得成本优势，实现差异化经营的优点。不仅如此，利基事业所需的投资较少，入行的门槛很低。

当然，利基事业也有缺点。因为所需的投资较少，所以收益额也很小，有的时候无法以充足的折扣来吸引优良的合作伙伴（流通渠道、合作工厂、供货商等）。比如，不管商务软件做得多好，因为目标客户是企业的 IR 负责人这个非常小的市场，而且价格也提不上去，就很难找到愿意帮助开发的软件工程师。

尤其是对风险企业来说，如果努力与回报不匹配的话，经营者和员工都会丧失积极性。在开展利基事业之际，经营者必须首先考虑从这项事业中获得的回报能否充分吸引包括员工在内的优秀的利益相关者积极地参与进来。

（二）成功的关键在于选择事业领域

对利基事业来说，精准地选择事业领域和市场是取得成功的关键（虽然事业领域和市场未必一致，但在这里二者几乎可以作为同义词来使用）。即便市场很小，但占有很大市场份额的企业，仍然可以通过经验效应和知名度等获得先发优势，从而获得很高的收益。有发展潜力的市场，竞争也相对激烈，企业进入这一市场如果不能取得市场份额的话，只会增加成本导致收益降低。

不过，利基事业因为规模小，所以对环境变化的抵抗能力也很弱。企业如果想获得进一步的成长，必须尽早在自己定义的事业领域取得竞争优势。因为企业一旦在市场上获得最大的市场份额，即便今后市场发展成熟，企业也有极大的可能生存下来，而且可以利用在这个市场中取得的资金作为新投资的资本。

在设定事业领域的时候，需要注意以下几个要点。

第一，找出自身事业附加价值的来源在哪里。具体来说，需要考虑自身是否具有技术优势，是否拥有优质的顾客基础，以及事业机制和体系是否具有优势。在此基础上，还要考虑如何抓住好的时机进入该事业领域，是否能够比其他企业早一步进入该领域。经营者需要寻找一个合适的事业领域，并且让自己成为其中的第一和唯一。

第二，从长远角度来看，如果企业想做大做强的话，就不能把事业领域设置得过于狭窄。缩小事业领域确实能够早日获得最大的市场份额，但企业的发展前景也会相应狭窄，很快就会达到极限。经营者应该在预见到将来竞争加剧的基础上，广泛地设定能够发挥企业强项并在短期内胜出的事业领域。

（三）利基事业的陷阱

在现实中，利基事业有以下三种容易失败的情况。只有在避开这些陷阱的同时找出容易盈利的事业领域，企业才能取得成功。

第一，虽然选择了利基市场，但是没有建立可起以盈利的商业模式。关于这个问题，希望读者再阅读一下前一节的内容。

第二，利基市场在不知不觉中发展成为大市场，竞争不断加剧。

这样的事例相当多。一旦利基市场发展成为大市场，竞争者就会不断涌入。

乌龙茶是伊藤园首先看好并开拓的利基事业。在最初的几年，伊藤园一直在这个市场处于领先地位。然而，其他企业看到这个市场有发展潜力之后不断涌入，使其瞬间成为一个巨大的事业领域。其中，占有最大市场份额的是拥有丰富经营资源（营业队伍、自动售货机网点等）的三得利公司。尽管伊藤园通过开拓罐装绿茶市场在茶领域拥有一定的市场地位，但是由于没有足够的经营资源与三得利抗衡，只能继续寻找新的利基市场来获取利润。比如面向幼儿园的补习班，瞄准的就是想要升入特定的私立小学的幼儿这一利基市场。

第三，在利基市场取得成功后进军其他的大市场，结果以失败告终。

美国的 BIC 公司（本来主要做圆珠笔生意）进军一次性打火机市场（当时属于典型的利基市场）大获成功，之后又进军连裤袜市场。但连裤袜的市场规模是一次性打火机市场的十倍，而且竞争规则完全不同。结果 BIC 公司以失败告终。

为了避免落入上述陷阱，经营者必须经常审视企业拥有的技术和优势，以及新市场的竞争状况等。另外，比克公司后来又进军一次性刮胡刀市场，在这个市场上充分发挥了公司的核心竞争力，最终取得成功。

四、分散型事业

（一）什么是分散型事业

在分散型事业中，众多参与者各显神通，展开激烈的竞争。对企业经营者来说，最重要的是捕捉稍纵即逝的商机、正确运营企业组织，以及将周密的商业计划付诸实施的能力。

除了前文中提到过的餐饮店之外，私人医院、房地产行业、销售代理店等都属于分散型事业。

（二）分散型事业取得成功的关键是人脉、运营能力和交涉能力

对分散型事业来说，特定的顾客基础和人脉具有重大意义。个别的业务委托合同、对员工的激励机制和业绩评价标准等都是与成功息息相关的重要事项。同时，还要搞好运营工作，降低因为各种各样的摩擦造成的资金短缺等风险。

比如，新开张的餐饮店的魅力在很大程度上取决于房屋条件。如果能够找到地段好、房租低的商铺，即便商业计划稍有不足，也能创造很大的现金流。而找到合适的商铺并对租赁条件进行交涉的能力，和事先进行分析、制定策略的能力完全不同。不管多么优秀的战略家，如果不善于交涉，不能说服拥有优质商铺的业主出租的话，就难以取得事业的成功。

分散型事业和利基事业一样，都不需要太大的资金投入，可以随着

事业的发展阶段性地进行投资。同样，分散型事业要想获取巨额利润也比较困难。因为难以建立起长期保持竞争优势、持续性产生现金流的机制，所以股票上市也非常困难（但也并非不可能）。很多经营者并非追求资本收益率，而是因为"喜欢这项事业"才一直从事这项事业。

虽说如此，分散型事业也并非一成不变的，经营者可以通过引进新的竞争规则、构筑新的商业模式，建立"持续盈利的机制"。QB HOUSE 就是最典型的案例。

在餐饮行业，有个名叫 SKYLARK 的家庭餐厅连锁店，通过导入中央厨房系统和统一采购食材降低成本，转型为发挥规模效应的事业。也就是导入了"规模"这个全新的竞争要素。不过，日本的餐饮行业并没有实现高度的集中化，仍然属于"大混战"的状态。但由于越来越多的人了解到餐饮连锁的经营模式，导致餐饮行业出现了过度竞争，收益持续下降。

关于如何构思新的竞争规则，笔者将在后文中进行论述。

（三）分散型事业的陷阱

分散型事业的常见陷阱主要有以下几类。

1. 过于依靠经营者一人

有的企业过度依赖经营者个人的能力和人脉，结果当经营者不在，业务量超过了经营者的处理能力，或者经营者出现失误的时候，整个企业就会陷入恐慌状态。

为了避开这个陷阱，经营者必须尽早培养出自己的助手和接班人。

2. 一味追求规模导致成长失控

追求规模效应没什么问题，但有时企业过度追求规模的扩大，以至于超出了企业的管理能力。因此，经营者必须有勇气做出"保持适当经营规模"的决断。

3. 经营层、员工热情耗尽

任何类型的新事业都会出现经营层和员工热情耗尽的现象，但在分散型事业领域这一倾向更加明显。一旦分散型事业的成长陷入停滞，积蓄的疲劳感就会一下子爆发出来，使经营层和员工感觉热情耗尽。但目前尚无规避这一陷阱的有效方法。

五、革新型事业

革新型事业大体分为以下两类：创造出前所未有的巨大市场（新产品、新市场、新商业模式型）；通过导入新的竞争规则，给顾客提供新的价值（新竞争规则型）。虽然在实际的商业活动中，许多案例都同时包含这两种类型，但在这里笔者为了方便起见，仍然按照上述两种分类进行说明。

（一）新产品、新市场、新商业模式型

新产品、新市场、新商业模式型，就是在发现前所未有的"谁""什么""怎么做"的基础上，构思全新的商业模式。

有的商业模式需要巨额的先行投资（手机、治疗艾滋病的药品、电动汽车等），也有的商业模式诞生于某个人的灵机一动（recruit 的就业信息杂志、戴尔的个人电脑接单生产等）。对前者来说，市场进化的方向性已经在业内达成共识，接下来就是技术开发的竞争。

二者之间最大的区别在于，前者通常需要组织的支持，因此其市场性必须明确，必须得到所有人的认同。比如，新事业对主业是否会产生消极影响？新事业是否能够和主业之间产生规模效应？新事业所需投资额是否与企业的实力匹配？新事业竞争失败的话，能否迅速撤离？还是需要在亏损的情况下继续坚持经营？

前者的负责人必须在考虑到上述问题的基础上，检查新事业的可行性，得到企业高层的支持，提交正式的事业计划书，保障能够分配到足够的经营资源。

接下来再看后者，也就是根据某个人的灵机一动产生的新商业模式，前文中介绍过的 QB HOUSE 正属于这一类型。小西国义初期对1000人进行调研，对事业的可行性进行验证，然后就创立了商业模式。

那么，根据个人的灵机一动开创新产品、市场和商业模式的具体步骤是什么？发现潜在需求并开拓市场的思维方式又是什么？笔者将其归纳为以下三个步骤：发现环境的变化；打破常识，从零开始思考；重复建立假说并验证的过程。

1.发现环境的变化

第一个步骤是发现能够给事业带来重大影响的环境变化。具体来说，要搞清楚人口动态（人口结构、未婚者比率等）、经济（个人消费、产业结构等）、个别业界的动向（业界的结构、原料的供给状况等）、环境（全球气候变暖等）、技术（新技术等）、政治与法律（法律修改、外部压力、税制等）、文化（生活方式、风俗习惯等）等宏观环境，以及最重要的顾客的意识和购买行动是否在发生变化、发生了什么变化等微观动态。

在 QB HOUSE 的案例中，不难看出日本当时的经营环境发生了变化，主要表现为社会活动出现加速化趋势，在经济低迷的形势下，顾客产生出对低价格服务的需求。

2.打破常识，从零开始思考

经营者需要忘记行业的常识和范式，从零开始思考"如果有这样的产品和服务的话，顾客是否会感到喜悦""顾客是否希望市场上出现这样的产品和服务""如果采用这个商业模式，企业是否能够和利益相关者构筑双赢的关系"。如果有人提出反对意见的话，就反问他"为什么不行"，然后思考是否能够驳倒对方。

在开创一个前所未有的新市场和事业时，消费者的真正需求可能 还没有被唤醒。因而，即便前期进行了充分的市场调查，得出想要的结果的可能性也很小。关键在于亲自向潜在的目标顾客进行咨询，确认市场性及确立竞争优势的可能性。比如现在已经得到普及的 ERP（企业资源规划），曾经也被认为在日本绝对不会取得成功。

商机稍纵即逝，在很多情况下，数据量和商机的魅力是成反比的。某事业越能够通过彻底地研究调查做出预测，该事业面临的竞争就会越激烈。因此，新事业负责人应该第一时间发现常识的漏洞，利用自己和他人在认识上的偏差来"创造市场"。

另外，身处行业之中，就会很容易受到业界常识的束缚，难以产生出新的创意。在 QB HOUSE 的案例中，正因为小西国义是行业的外来者，所以才能构思独特的商业模式。

3. 重复建立假说并验证的过程

当然，仅凭对业界常识的怀疑，依靠感觉贸然行事并不能解决所有的问题。首先应该建立一个假设，"这样做会不会更好"，然后迅速对其进行验证。在验证假设的过程中，首先要思考判断假设正确与否的方法（在很多情况下可以通过问卷调查完成），接着通过实施这一方法推导出假设是否正确。在 QB HOUSE 的案例中，小西国义就是通过电话咨询的方法确认市场需求的。

为了明确事业的可行性，还需要进一步建立假设，建立假设的假设，再按照同样的流程进行验证。在对假设不断深入挖掘的过程中，事业理念也会逐渐清晰，而最初的创意可能只是提供了一个似乎可行的假设。新事业负责人必须通过对创意进行尝试、研究、推测、分析、行动这一系列工作，让创意不断进化。经过上述过程之后，创意才能转变成新的形式。

毫无疑问，验证假设要从定量和定性两方面进行。从定量的角度对假设进行构筑和验证，就是对"这种水平的产品和服务，在这种价格区间，会有这种程度的需求，另一方面，需要这么多的投资和运营成本"进行分析，也可以将其称为事业盈亏型分析。

在验证假设的过程中需要注意的是，创造新市场的关键就是速度，如果验证过程过于周密，反而会成为妨碍事业成功的主要因素。也就是说，追求完美的答案是成功之大敌。因为等到假设彻底验证完毕时，商机可能已经不复存在，或者在分析假设的过程中，总是容易产生难以抗拒的悲观主义情绪。

在这个时候，"20-80"规则非常重要。在验证假说之际，不必为了100%的可信度而收集100条信息，只要有80%左右的可信度就足够了。为此，只需要收集真正有价值的20条信息。当然，因为只有80%的可信度，所以在实际事业展开的过程中，会发生意料之外的情况，但这些问题完全可以在事业展开过程中逐步解决。特别是IT事业，在很多情况下只需要极少的初期投资就可以启动。所以，这种边干边处理问题的思维方式更加必不可少。

与其追求一次性解决所有问题，倒不如只做必要的调查，保证能够证明下一次行动和投资的合理性就足够了。因为在创造市场的竞争中，关键在于尽快取得成绩。此外，新事业负责人也要能够尽快辨别出不能带来利润的事业。

（二）新竞争规则型

所谓新竞争规则型，就是通过将新的竞争规则导入原有的事业中，给顾客提供新的价值。

通常，在现有的市场中存在着某种范式。范式的定义是"规则和规范，明确界限，教给人们为了取得成功，应该在界限内如何行动"（乔尔·巴克《范式的魔力》）。

在现有市场中，存在着以当前的范式为前提确立竞争优势的企业。其维持竞争优势的时间越长，外部环境越有可能发生变化。如果企业能够将环境变化（技术进步、消费者意识改变、环境破坏、放松管制、老龄化等）作为杠杆重新组建范式，引进新的竞争规则，构筑新的商业模式，就能够成为新一代的胜利者。

在制定新的竞争规则之际，这个竞争规则必须能够颠覆业界常识。否则，业界里的现有企业即便在新的范式之下也能继续维持竞争优势。但如果新的竞争规则与业界原来的常识截然不同，那么现有企业或者不想脱离陈旧的范式，或者难以摆脱陈旧范式的束缚。而新企业则可以在此期间确立竞争优势，建立起让其他企业难以参与进来的壁垒。

确立新竞争规则的流程如下。

1.把握传统的竞争优势

成熟市场一般都按照领先企业在过去几十年的积累中所设定的规则开展竞争。各个企业以竞争优势为基础建立商业模式。虽然竞争规则因种类和业态而有所不同,但开展新事业的第一个步骤就是搞清楚作为竞争对手的现有企业,是以什么样的竞争优势为基础建立的商业模式。

比如,以前的电子产业普遍将所有的价值链都集中到企业内部。但现在,将设计和生产都交给 ODM(原创设计制造商),自己专门从事开发和市场营销的企业逐渐在市场上确立了竞争优势。

2.制定新的竞争规则

利用环境变化和竞争对手的疏忽,构架新的范式,就是第二个步骤。这一步骤还可以进一步分解为以下两个阶段。

• 设定全新的规则和范式。
• 构筑与之相符的商业模式。

从根本上颠覆现有领先企业的突破口是改变竞争规则,进而构筑竞争优势。也就是说,要设定出让对方无法同台竞技,或者无法立即模仿的竞争规则。

比如 LIFENET 人寿保险公司通过利用 IT,彻底削减成本,创造出了现有的大型寿险公司(录用了很多营业员)难以模仿的状况。

而在出版业不景气，特别是杂志行业经营不顺利的大环境下，宝岛社的女性杂志仍然实现了业绩的持续提升。宝岛社经营战略的独特之处在于，将附录作为给杂志带来附加价值的重要来源。宝岛社打破传统，在每期杂志上都添加附录，而且在封面上大肆宣传。此外宝岛社经常和今后有可能成为热门品牌的企业进行合作，让其他杂志社难以模仿。不仅如此，一般的杂志每期的价格都是相同的，而宝岛社采取了在女装大减价导致附录内容不够充实时就降低杂志价格的弹性化运营方式，从而最大限度地减少了读者的流失，实现销售额的最大化。

在设定新的规则之后，要尽早根据这一规则建立能够盈利的商业模式。新事业负责人要思考怎样做才能让事业带来收益，研究计划的可行性以及如何实现这一计划。

关于将新创意落实到商业模式上，电脑组装事业就是最典型的例子。

随着以 CPU 为代表的零部件模块化不断进展，电脑组装也出现了低科技化趋势，电脑的性能基本全靠零部件的品质决定。20世纪90年代初，康柏率先发现这一事实，并且将电脑生产转变为"组装业务"。转变业务模式后，康柏公司率先将更便宜的电脑投放市场。也就是说，康柏把电脑行业的竞争从技术开发和生产的竞争转变为时间轴与价格的竞争（康柏后来被惠普收购，如今惠普康柏仍然维持着很高的市场份额）。

另外，戴尔也通过合作工厂的网络化和在物流系统上进行投资，使传统的接订单生产销售的商业模式得到了进化。最初，戴尔通过电话接受订单，而后很快就切换为网络销售，因为能够应对顾客对规格的详细要求，成功地扩大了市场份额。

导入新的竞争规则，并根据竞争规则构建商业模式之后，为了不让竞争对手赶超自己，必须做到这两点：提高学习速度，积累经验；吸引优秀的顾客和利益相关者，将竞争对手远远地甩在后面。

比如集英社的《少年JUMP》，虽然和其他出版社的《少年MAGAZINE》《少年SUNDAY》相比起步比较晚，但是采取了起用年轻的漫画家，让编辑和漫画家一起创作情节，进行读者问卷调查，开设新人奖等在当时来说具有划时代意义的先进经营方式，一跃成为首屈一指的少年漫画杂志，吸引了更多年轻有为的人才加盟。集英社通过和他们签订专属合同，进一步将竞争对手抛在了身后。

前文中提到的QB HOUSE也通过率先采用IT技术，在公司运营上建立起竞争对手难以模仿的竞争优势。

如果企业能够拉大与竞争对手之间的差距，就能享受到领先优势，通过确立市场领先者的地位来构筑竞争壁垒。除此之外，还能尽快收回投资，改善收益。

如今，一系列相互关联的战略比单独的战略更为有效，在商业计划中也有通过连续性战略实现良性循环的情况。

（三）革新型事业的取胜模式

在革新型事业的取胜模式中，有一种被称为事实标准或者成为大家都使用的标准平台的模式（请参考图表3-13、图表3-14）。虽然这种模式并非适用于所有的事业，但是在这一模式能够起作用的事业中具有非常重大的意义。所以，企业应该为成为事实标准或标准平台的目标努力。

事实标准的意思是，"并非通过公共机构，而是通过在市场竞争中胜出形成的事实标准"。录像机中的 VHS 模式、电脑操作系统的 MS-DOS 和 Windows、光盘中的 Blu-ray 等都是典型例子。

标准平台与事实标准类似，可以说是"被多数人使用的基础设施"。例如在线销售书籍的 Amazon、NTT dokomo 的"手机钱包"等就是典型的例子。

不过，只有较高的市场份额还称不上事实标准和标准平台。只有达到"如果不使用事实标准或者标准平台的话，从经济和理性的角度来看是不利的，因此，用户和供货商不管情不情愿都要使用"的状况才行。从这个意义上来说，以前的麒麟拉格啤酒虽然有很高的市场占有率，但用户即便选择其他品牌在经济上也不会蒙受损失，因此麒麟拉格啤酒还算不上是事实标准。啤酒行业之所以重视市场占有率，是因为单纯追求规模效应就能够在竞争中占据优势。对于自我完结、单独消费使用的产品来说，很难出现事实标准和标准平台。

掌握标准的意义在于，企业会进一步增加市场份额，带来巨额利润（受到专利保护的话更是如此），比如在电脑行业微软的成功就是最好的例子。

围绕事实标准和标准平台的竞争，有几个经营者必须事先了解的特性。

第一，成为标准的规格和平台，在性能上未必是最优的。最著名的案例就是QWERTY的键盘排列标准，最初这样设计的目的是降低打字速度，避免老式打字机在操作过程中崩溃（虽然也有不同的解释，但持这种观点的人比较多）。现在打字机的性能得到了改善，而且电脑已经成为主流。在这种情况下，即便QWERTY的排列方式遭到淘汰也不足为怪。但现在几乎所有的键盘仍然采用QWERTY排列方式，因为用户已经习惯了这一排列方式，不愿花费切换成本（不仅包括金钱上的费用，还包括时间、劳力及伴随时间劳力的机会费用）来接受新的规格。由此可见，是否能够成为标准，与其说由性能差异决定，不如说是受速度、时机以及各个时期的偶然性决定。

第二，差异化未必有效。因为过于极端地追求差异化，会与尽可能多地吸引利益相关者这一目的背道而驰。所以，标准不但要比竞争对手抢先一步，还要有普适性。

综上所述，开展革新型事业之际，在确认该事业是否具有制定标准意义的基础上，还要思考这两个策略：从正面参与标准的竞争（高风险、高回报）；为了不在竞争中失利，考虑和其他竞争企业的合纵连横（低风险、低回报）。8毫米录像机等就是所有企业选择后者的典型案例。

此外，即便自身不直接参与制定标准的竞争，如果在周边领域发生制定标准的竞争时，必须慎重地观察哪一方能够胜出。在这种情况下，企业要采取和竞争双方都适度接近的策略，这样不管哪一方胜出自己都不会吃亏。

（四）成功的关键

不论是"新产品、新市场、新商业模式型"还是"新竞争规则型"，在构思革新型事业时都会遇到几个障碍。

克服这些障碍是获得成功的关键。

1.常识／范式的魔咒

构思革新型产品、革新型商业模式以及新的竞争规则时最大的障碍就是常识和范式。企业或者经营者都在一定程度上积累了很多成功和失败的经验，也拥有丰富的常识，因此或多或少都会受到范式的束缚。

当企业沿着一直以来的轨道开展事业时，范式会成为提高效率的源泉。但在立志于开展"迄今为止谁都没有想到"的事业时，范式就会成为束缚。因此，如果没有"归零"的机制，大企业想实现创新非常困难。

某游戏公司在制作新作品的时候，为了不重复过去的做法，导入了封存过去作品记录的"归零机制"。还有的企业通过积极从其他行业引进人才，将导入"新视角"体系化。

2."不允许失败"的组织文化

很多大企业的组织文化，说白了就是"不允许失败"，考核评价系统大致也反映了这一点。结果，在企业中工作的员工越来越受到常识的束缚，对权威唯唯诺诺。如果想加强企业内新事业的活力，经营层应该率先排除这种组织文化。为此，经营层要积极向员工宣传这一理念，同时改变考核标准和录用方针，从侧面为形成新的组织文化提供支援。

提出"要敢于尝试"的三得利和提出"通过事先洞悉时代的变化并灵活应对，创造新的信息价值。通过向社会展示新的信息价值，最大限度地满足社会需求"的招募就都拥有鼓励挑战精神的组织文化。提出"让4年以内推出的新产品达到总销售额30%"的3M，允许员工在合理的步骤上出现"善意的失败"，同时还支持员工有趣的创意。对于员工提出的意见和建议，经营者不会简单粗暴地说"no"，而是问"how"，可以说这一组织文化正是其的强大的源泉。

3.缺乏激励机制

缺乏激励机制与上述"不允许失败"的组织文化属于"相辅相成"的关系。特别是在大企业里，即便员工成功开创了新事业，企业对员工在金钱上的回报也低得惊人（虽然回报大多反映在晋升和奖金上，但是与创业者的激励机制相比要小得多）。

开拓新市场，需要拥有与创业接近的工作热情。因此，企业必须建立相应的激励机制。比如，成立子公司让个人参与出资或者引进股票期权制等。

（五）革新型事业的陷阱

刚刚成立的革新型事业的竞争能力，在很大程度上受理念的独创性——革新与洞察力的影响，但也不能仅仅依靠独创性。独创性是革新型事业的必要条件，而不是充分条件。正因为是独创事业，所以更要求有执行能力。

优秀的执行能力是指能够按时、按量生产高质量的产品，销售得力，能够顺利送到顾客手上的能力。很多新事业之所以失败，不是因为采用了错误的战略，而是因为缺乏足够的执行能力。在新事业中，只有优秀的执行能力才能弥补战略的不确实性这一缺陷，将事业引向成功。对日常业务运营进行分析和策划往往比战略计划更有价值。不管战略多么新颖，如果不能尽快取得成果，会让员工以及新事业负责人本身产生"难道是战略有问题"的怀疑。

因此，新事业的负责人必须利用自身的热情、知识、人脉、技术等手段，说服顾客、投资方、员工和供应商，让其为新事业提供支援。在此基础之上，还要对有限的经营资源进行管理。提到戴尔，很多人都称赞其先见性和商业模式，但戴尔正是因为坚持不懈地优化运营，为顾客提供更高的价值，才取得了今天的市场地位。前文中提到的 QB HOUSE 也是如此。

和利基事业、分散型事业一样，在革新型事业中，新事业负责人也必须具备威信和人事管理能力、交涉能力。笔者再强调一遍："创造性和独创性只不过是启动革新型事业的车票而已。"

市场营销和运营

要点

　　事业策略和商业模式最好在可能的范围内落实到具体的市场营销战略和运营中。商业计划的读者有时候不太重视这一部分，但如果市场营销和运营的卓越性是取得竞争优势的源泉，最好对这一部分进行充分的说明。

案例

　　世界知名饮料制造商可口可乐就非常善于市场营销。

　　早在1957年，可口可乐就在日本成立分公司，开始生产饮料。1962年，可口可乐通过电视广告进行市场营销活动的同时将自动售货机导入市场，意图扩大销量。

　　这一沿袭自美国本土的市场营销战略取得了成功，现在日本可口可乐在日本全国设有98万台自动售货机，将业界其他竞争对手远远地甩在身后。几乎在同一时期进军日本市场的百事可乐，在销售能力和品牌渗透方面则比可口可乐逊色很多（后来，百事可乐将销售权转让给了三得利）。

然而，现在可口可乐要转变一直以来的市场营销方式。可口可乐总公司的CMO（首席市场官）提出"No more spray and pray"（不再依靠上天）。这句话的含义是："祈祷通过单方面大量地向消费者播放广告获得成功的做法必须停止"。

电视广告和杂志等传统媒体，曾经对一般大众具有强大的宣传效果。然而，随着消费者的生活方式和爱好更加多样化和个性化，杂志的种类也不断增加，观众对电视节目的选择更加分散，电视和杂志已经不再是曾经那个能够高效向大众进行广告宣传的工具了。而在互联网和手机出现之后，媒体的范围进一步扩大，顾客也可以参与进来，和企业进行互动。企业单方面发布信息的做法已经不合时宜，必须做出改变。

在这一背景下，可口可乐开始在分析广告宣传性价比的同时，战略性地进行资源分配，力求提高市场营销投资的效率。可口可乐综合利用多种媒体与顾客进行互动，还通过电视台、电脑、手机、自动售货机、柜台等各种与顾客的接点，站在消费者的立场上进行综合管理，力求实现IMC（整合营销传播）。

日本地区IMC的基点，是从2007年开始运营的网站"Coca-Cola park"。这个网站上集中了可口可乐、爽健美茶、GEORGIA等品牌，用户只要注册会员，就可以通过电脑和手机随时随地登录这个网站。

可口可乐希望通过提高与顾客的接触频率、加强互动，提高顾客对可口可乐品牌的亲近感和忠实度。因此，在网站上提供了天气、新闻、体育信息、电视节目等消费者都关注的信息，还有游戏、礼品等活动。

除此之外，网站还每天都给会员发送电子邮件杂志，吸引会员登录网站。一般情况下，客户对电子邮件杂志的点击率不到1%，但因为可口可乐准备了大量顾客参与型的内容，据说点击率有时甚至超过10%。

* * *

2010年，Coca-Cola park 的会员数达到800万人，每月的页面浏览量达到2亿，其中六成是通过手机浏览的。

Coca-Cola park 在建立之初的会员数只有30万~40万人，之所以能够实现会员人数的飞跃增长，是因为可口可乐经常与其他公司进行联动。尤其是在初期阶段，可口可乐与 DeNA 运营的梦宝谷平台进行合作，使得会员数量迅速增长。

梦宝谷平台是一个面向手机的综合社交平台，有免费游戏、占卜、名人博客等娱乐内容，新闻浏览、检索功能、日记和朋友圈等社交功能。截至2007年5月，梦宝谷的会员数为500万人，其中10岁至20岁的用户占53%，20岁至30岁的用户占34%。

可口可乐希望扩大10岁至20岁的爱喝饮料的顾客层。于是，首先试验性地和梦宝谷合作开展小规模的促销活动，结果引发热烈反响，随即正式开展大规模的促销活动。

具体的活动内容包括：设立专用网站 coke Mobage，创造一个"喜欢可乐"的人物形象，通过日记、道具、活动等和用户进行交流。与此同时，可口可乐还利用电视、杂志、商品、店铺 POP、自动售货机等各种各样的接点向用户通知活动事宜，呼吁用户参与。结果，可口可乐成功吸引了梦宝谷的很多会员，获得了10岁至20岁顾客层。

DeNA 通过与可口可乐的合作也获益匪浅。梦宝谷采取的是通过向用户免费提供游戏等内容，从企业那里获取广告收入的商业模式。当时，虽然梦宝谷的会员数增长很快，但尚未真正确立作为广告媒体的市场地位，也未能获得大客户。而与大企业可口可乐的联动取得了不俗的业绩之后，梦宝谷的商机也不断增多。因此，可口可乐和 DeNA 的合作实现了双赢。

＊ ＊ ＊

除了和梦宝谷合作之外，可口可乐还通过与各种各样的公司合作，充实市场营销的内容，达到促销的目的。比如与日产汽车、本田汽车合作，举办以汽车为奖品的竞猜比赛；冠名富士电视台的猜谜节目；与通过手机提供音乐内容的 RecoChoku 合作举办活动等。

可口可乐在与其他企业合作之际，首先明确二者的角色分工。比如与日产汽车合作的时候，可口可乐负责设计和运营活动网站，企划和制作活动内容，日产汽车则负责提供奖品和通过媒体向外部通知活动事宜。除了通过事先设定参与人数和网页浏览的目标值来验证效果之外，可口可乐和日产汽车还通过共享获得的顾客信息，实现单独的数据管理。

在制作活动内容时，两个公司的负责人紧密合作，思考能够实现各自目的的机制。比如活动规定如果答对问题，就能够获得抽奖的权利，引导参与者登录活动网站寻找答案，使参与者能够看到企业希望宣传的信息。

这一活动的灵感主要来自可口可乐在北京奥运会时举办的活动。在北京奥运会期间，可口可乐的员工们主动放弃休假，为了使提高用户体验不断对网站进行修正。因为新闻信息等内容的格式因提供的公司而异，为了让用户能够稳定访问，必须对网站进行调整。每当发布获得奖牌的简报后就会有大量用户登录，必须采取强化服务器、分散负担等措施调整资源。员工们需要观察网站每天的登录量，改善网站的外观、配置内容并及时修改。

除了制定完善的市场营销计划之外，还必须建立完善的运营机制，否则就无法将好不容易才获得的用户维持下去。这样积累下来的运营经验在会员规模扩大，以及与其他公司开展合作的时候都能够派上用场。

可口可乐以获得的会员数为基础，也开始尝试通过在自己公司网站上刊登其他公司的广告来获取广告收入。因为可口可乐打算减少广告营销的预算，所以考虑将广告收入作为制作内容和招揽顾客的资本，进一步充实网站内容。

随着IT技术的不断进步，企业和顾客之间有了接点，交流的方法也出现多样化趋势。企业自身成为媒体，或者与不同的企业进行合作之类尝试今后也会不断增加。而一直尝试采取先进宣传方式的可口可乐，今后也值得我们继续关注。

市场营销策略和运营，可以说是将事业战略和商业模式具体化的内容中最重要的部分。如果市场营销做不好的话，就不会有现金流。如果运营做不好的话，不管多么优秀的商业模式，也会出现成本增加、顾客满意度下降，收益难以提高等问题。特别是在卓越的运营是差异化经营和提高模仿难度的关键因素时，运营就变得更加重要。

在本节之中，笔者将首先针对交流和营业战略进行论述，然后对运营进行解说。

一、交流和营业战略

市场营销，就是建立起"让顾客购买产品或服务的机制"。通常市场营销战略如图表3-18所示，包括环境分析、选定市场营销的课题、市场细分和选定目标市场、明确定位、市场营销组合（4P）、制定执行计划。

其中环境分析、选定市场营销的课题、制定执行计划，常被作为制定更大规模的战略和执行计划的一环进行讨论。关于市场细分和目标市场，笔者已经在前文中讲过了。而在明确定位的时候，要确定优先哪一点来实现差异化，从某种意义上来说，这是企业为顾客提供的价值和事业理念的翻版，因为在前文中已经讲过，这里不再赘述。另外，市场营销组合中的产品战略（product）和渠道战略（place）前面也讲过，价格战略（price）通常和商业模式的收费系统放在一起讨论。

因此，在这里笔者将重点放在如何让潜在客户了解自身的产品与服务，最终促进购买的交流和营业战略（promotion）上来进行论述。特别是在高科技事业中，顾客层之间很容易产生鸿沟（在产品或者服务上存在早期接受者与早期大众之间的鸿沟）。笔者将针对如何跨越鸿沟给出简单的提示。

图表 3-18 市场营销战略的制定过程

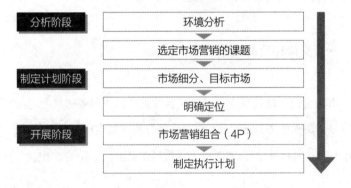

（一）交流战略

交流，指的是企业在最合适的时机用最合适的方法将自身提供的产品和服务的信息向有需求的潜在顾客进行传达，促使顾客购买。

需要注意的是，交流并不是只要将有关产品和服务信息传达给顾客就万事大吉。即便是同样的信息，因接收信息的对象和接受方式的不同，信息的意义也会发生各种各样的变化。在交流过程中，"向什么人、在什么时候、怎样传达"与信息的内容具有同样重要的意义。

在与顾客进行交流时，企业能够采取的传达信息的方法有广告、促销活动、人工销售、公开宣传、口碑等五种。另外，顾客得到产品与服务相关的信息的途径（媒介）有大众传媒、户外广告、流通渠道、直接媒体、数字化媒体等五种。

新事业负责人要在理解各种交流方法以及媒体的优点和局限性的基础上，思考合适的交流组合和媒体组合。在可口可乐的案例中，笔者提到灵活运用网页的力量对于宣传新事业越来越重要，希望大家也能掌握网页的特征、局限性以及有效的应用方法。

上述各类交流方法的详细内容请参考相关的专业书籍，在这里笔者仅对新事业和新产品的交流战略进行论述，主要应该留意以下几点。

新事业和新产品交流战略，不仅要得到目标市场的多数人的认知，还要在早期阶段让多数人进行尝试。因为如果是优秀的产品和服务，只要让顾客试用一下就会使其产生重复消费的意愿，还会产生口碑效应。对有些事业来说，争取早期顾客极为重要。

那么如何让顾客进行试用呢？虽然具体的方法要根据预算决定，但有以下几种典型方法。

・设置免费试用期限，广泛进行宣传，或者推出免费版。

・设置邀请好友的激励机制（介绍活动等）。

・大力宣传产品和服务的特征，积极进行公开宣传。根据具体情况还可以通过出版书籍来增加曝光度。

・分析产品和服务的潜在用户的情况，通过 SEO（搜索引擎优化）让潜在用户更容易搜索到自己。

・与网红合作，利用他们向顾客进行宣传。

・通过与其他企业进行联动，加强试用的激励机制，比如根据购买额度给予通用的积分等。

风险企业用于交流的预算十分有限。无法大规模地打广告，也不能进行性价比不高的促销活动，为了向更多的人宣传产品，更应该将重点放在试用上。

前文中介绍的可口可乐就是为数不多在广告宣传上投入大量资金的企业，即便如此，可口可乐也在想尽办法寻找能够锁定更多目标顾客群体的交流方式。

（二）营业战略

营业虽然只是交流的一环，但从最终促使顾客购买的意义上来说，营业是非常重要的活动。特别是高价商品及面向法人的商业活动中，与其采用拉动型的交流手段（广告、公开宣传等），不如采用营业这种推动型的交流手段更有效果。

营业的顺序是"抓住"（首先让客户与自己进行交易）→"深入"（也让顾客购买其他的产品和服务，提高购买频率）。对于新产品和服务来说，"抓住"是最重要的，因为一旦抓住顾客，让其成为粉丝的话，就很容易提高销售额。

那么，在营业中获得最初的订单的关键是什么呢？首先是"找出有购买意愿的顾客"。如果找不到目标顾客，营业负责人的时间和劳力都会付之东流。因此，营业负责人必须再次确认产品理念和设想的顾客群体，开展合适的市场营销活动。

明确目标顾客之后，接下来就要创造与顾客的接点。如果是法人顾客，可以通过预约来高效地创造接点。因为法人顾客的信息比较公开，预约较为容易。

与此相比，与个人打交道的事业就不太容易。比如面向小学生家长为对象开展事业的话，因为保护个人信息的意识不断提高，和这类人建立接点非常困难。最快捷的方法是向某些机构或个人购买信息，但是这样做有可能会触犯法律。在没有信息的情况下，可以在拉动型交流的基础上通过举办讲座等方法增加与目标顾客的接点。这其中没有简便且万能的方法，只能通过自己的不断摸索来实现。

然而，与法人顾客成功预约只不过是第一道难关而已。最大的难关是通过谈判，做成第一笔交易。

如果顾客是个人，只要抓住对方的需求，说服对方购买就比较容易。

与此相比，说服法人顾客则存在以下几个难点。

• 采购规则因企业而异。具体包括决定采购的时机（每年几月份采购，几个月前决定交货期等）、采购预算（负责人的预算上限是多少，年度总预算有多少等）、决策方式（几千万日元以下可以通过书面申请，几亿日元以上需要通过董事会通过等）、书面申请的格式等。

• 参与决策的相关者很多，很难区分谁是最重要的决策者。

• 组织很容易出现"与其尝试新东西遭遇失败，不如持续购买已经熟悉的商品"的心理惯性。

营业的关键在于尽早发现决策者，通过充分的说明让对方认识到使用自己的产品和服务有助于提高获得顾客的竞争力或者提高收益。同时配以具体的演示，或者其他客户的成功案例，可以进一步提高说服力。

如果在客户中有知名企业的话，就要最大限度地利用其知名度（当然，如果需要举出实名的话，需要先征求该企业的同意，尽量避免违反相关法规）。实际上，风险资本和银行决定提供资金时，对商业计划中和什么样的企业进行交易的部分十分关注。因此，应该在考虑到这一点的基础上制定初期的营业战略。

（三）跨越鸿沟

如前文所述，鸿沟（参照图表3-4）前面的顾客（创新者和早期接受者）不到整体的20%。比如目标市场的规模为1000万人，那么在获得150万~160万用户时就达到了鸿沟值。如果不能跨越这个鸿沟的话，就无法保障充分的销售额，导致难以回收投资。

跨越鸿沟的关键在于明确区分早期接受者之前和早期大众之后的顾客层之间存在的差异。也就是说，根据各个顾客层的特性，找到攻克的重点并采取行动。在这个时候，把握KBF固然重要，但也要搞清楚"自身的现有产品能够在多大程度上解决顾客的烦恼""顾客在哪里获得信息、在哪里购买"等要素。

比如对初期的顾客来说，只要产品优秀就能够感到满意。但对早期大众之后的顾客来说，如果产品没有完善的售后服务机制就不会购买。在这个时候，应该再次回想一下"整体产品"的概念，将包括售后服务机制在内的"整体产品"面向早期大众进行微调。

另外，上述措施必然造成企业运营的复杂化。从这个意义上来说，构筑强有力的运营机制也是十分必要的。

二、构筑运营系统

进一步充实商业计划的内容，并将其具体落实到运营，就是运营机制（从广义上来讲，商业模式也包含运营系统）。不论制定了多么完善的事业战略、设计了多么完善的商业模式，如果在实际运营中出了问题的话，新事业也无法得到成长。运营系统是事业战略和商业模式的支柱。

（一）有关运营设计的概念和术语

在思考运营时，有几个需要了解的概念和术语，这些在生产和店铺运营的设计中具有特别重要的意义。关于具体的运营设计方案，请大家参考其他的专业书籍，新事业负责人如果感到运营没有充分地发挥作用，需要对这些项目进行调查，思考是否能够进行变更。

1.循环时间

循环时间是指一项作业完成到下一项作业完成的时间。

在图表3-19中，每隔四分钟A作业的完成品就会被送到B作业。B作业的员工们虽然能够在两分钟内完成作业，却因为受A作业速度的制约，在等待A工序送成品的时候白白浪费两分钟。所以，整个流程的循环时间就变成了四分钟。

为了解决这个问题，可以尝试将A作业的产能加倍（图表3-20）。在调整后的流程中，A作业每隔两分钟就可以将完成品送到B作业，整个流程的循环时间也就缩短为两分钟。不过，图中并没有考虑发生次品和返工的情况，但在现实中出现次品和返工的情况十分常见。

图表 3-19 循环时间 案例1

循环时间：四分钟　　循环时间：两分钟

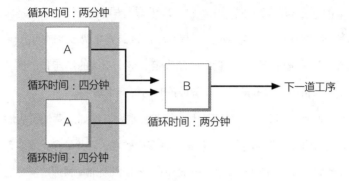

资料出处：笔者根据哈佛商学院笔记 *Grossay of POM Terms* 制作。

2. 瓶颈

瓶颈是指限制最终产量的要素。一般把最慢的，也就是循环时间最长的工序称为瓶颈（在图表3-19中最初的工序就是瓶颈）。

出现瓶颈的原因有机械设备性能差、机械设备少、员工作业熟练程度不够、员工数量不足、配置安排不合理、需求的季节和时间变动等。另外，即便在正常运转的流程系统中，有特殊订单时也会在某个工序出现瓶颈。瓶颈是限制生产速度乃至生产能力的主要因素，因此平时就应提高警惕，防止出现瓶颈。

3. 产能／产量

产能指的是一定时间内的生产能力，比如每小时接待的顾客数量、每分钟的零件生产数量或者一天的生产量等。

产量的概念和产能类似，在运营管理中通常用金额来表示。另外，产量大多和时间挂钩，用来表示为了提高生产额需要花费多少时间。

通常，某系统的产能和产量由瓶颈决定。整个系统的产能和产量又会对产品的合格率、人员配置、设备维护时间等产生影响。

最初进行运营设计时，明确最大产能非常重要。比如运营快餐店的时候，必须明确在午餐时间段最多能够接待多少顾客，以及最多让顾客等待多久。然后，以此为基础计算所需的临时工数量以及准备料理所需要的时间，不仅如此，在菜单和价格设定上也要有所变化。如果把高峰期的产能设定得过低，虽然运营管理起来相对容易，但存在损失利润额的问题。

此外，为了提高产量，需要让各工序之间有序衔接。

4. 空闲时间

空闲时间是指没有进行有益作业的时间。在图表3-19中，B工序就出现了2分钟的空闲时间。不论运营系统设计得多么完善，都会出现空闲时间，但最好避免产生不必要的空闲时间。

（二）战略和运营的关系

战略和运营是不能分割的整体。运营是战略执行的重要支撑和基础，如果基础不牢靠的话，就不得不改变战略。

从顾客的角度来说，影响顾客满意度的不是战略，而是位于服务一线的运营。比如家庭餐厅连锁店，不管总部制定的扩张战略和市场营销战略多么优秀，但在实际运营中，某连锁店让顾客等待的时间过久或者点菜出现失误，都会导致顾客流失。

因此，管理者在制定运营系统时，要在保证与经营战略统一的基础上，通过反复的交流，让给员工和顾客理解使用该运营系统的意义。

接下来，让我们将21世纪初的麦当劳和原田改革以后的2008年度的麦当劳进行对比，看一看两者在运营商的差异（图表3-21）。

麦当劳一度通过低价格策略获得了成功，然而进入21世纪之后，顾客吃腻了麦当劳，导致麦当劳的收益降低。于是在2005年左右，麦当劳制定了"价值战略"，不再采取提前制作的方法，彻底改善店铺的就餐环境，推出完善的代金券制度，近年来还采取了"30分钟规则（每隔30分钟设定销售目标，进行PDCA循环的方法）"等措施。这些举措全都在顾客数量、客单价、商品数量、等待时间、员工态度等运营方面反映出来。

图表 3-21 麦当劳的变化

项目	原田改革以前 （2000年度）	原田改革以后 （2008年度）
顾客数量	7.4亿人（估计）	9亿人
客单价	540日元（估计）	574日元
商品数量	40个（2003年度）	50个
等待时间	30秒	50秒以上

如果能够将与经营战略相一致的运营措施贯彻到顾客中去，运营会更为轻松。因为顾客会认为"麦当劳的食品就应该是这样的"。以前麦当劳以出餐速度快著称，而现在麦当劳改变了出餐方式，在顾客点菜之后再做。当顾客都知道这一事实之后，也不会再像过去那样要求出餐速度了。

（三）落实到商业流程之中

虽然运营是支撑战略和商业模式的基础，但要想在短时间制定出具体的运营方案仍然非常困难。因此，可以先将商业模式和战略以商业流程的形式落实下来，然后以此为基础制定详细的运营计划。

在商业计划中很少写明详细的运营计划，大多都是针对商业流程进行说明。

商业流程虽然与图表3-10所示的商务系统（价值链）比较相似，但商务系统是按照从产业的上游到下游的顺序表示事业功能，而商业流程则是按照业务顺序以时间轴的形式表示事业功能。

贝纳通就通过从根本上改变商业流程而取得了成功。一般来说，服装产品要首先选择特定颜色的线，用这种线织布、裁剪、缝制，最后加工成服装。但贝纳通改变了这一传统的方法，首先用无色的线织布，裁剪、缝制，加工成服装，最后进行染色。这种方法可以将做出决策的时间推迟到销售季即将来临之前，有效地减少积压库存和销售机会损失。

图表 3-22 商业流程的示例

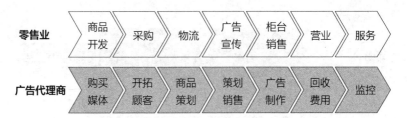

图表 3-23 商业模式、战略、商业流程、运营

 商业模式与
基本战略

 商业流程

 业务流程的
设计方针

 业务流程

1000日元的价格只提供理发服务，服务时间为10分钟，通过对员工进行培训，统一服务水平

让顾客在1000日元专用自动售票机上购票。按顺序接待顾客，预估顾客等待时间

购票	▶按顺序等候─	▶ 呼叫顾客
购票（顾客现场在售票机上购票，不用电话预约、不用找零钱）	让客户按顺序坐在椅子上	等轮到顾客时，喊一声"下一位请来理发"

图表 3-24 贝纳通对商业流程的革新

传统制造方法

接到订单后，如果工厂已经开始染色的话就很难做到及时发货
为了控制风险，只能备好各种颜色的商品

贝纳通的做法

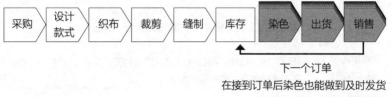

在接到订单后染色也能做到及时发货
备货在染色前，降低库存风险

三、灵活运用基准

今后计划开展新事业的企业在建立商业模式和运营系统时，基准是
非常有用的一种思维方法。

基准（benchmark）本来是指测量土地时的基准点，在商业活动领
域则被引申为企业分析、学习、借鉴其他企业经营方法的一种手段。最
早提出"基准"概念的企业是美国的施乐。20世纪80年代初，施乐在仓

储业务中以里昂比恩为基准，在催款业务中以美国运通为基准，学习他们的优点。

与基准相关还有一个叫作最佳方案（best practice）的重要概念。顾名思义，最佳方案是指在某个领域取得最佳业绩的企业的经营方法，是一种以最佳方案为基准，在自身业务中进行借鉴的思维方式。

作为基准的对象不仅限于同一个行业。为了不受行业范式的束缚，实现最佳的经营效果，构筑起竞争优势，更应该积极地向其他行业学习。

基准管理法的优点在于，可以降低导入全新管理方式的难度，以及根据最佳方案更容易看到期待的成果。对于经营资源有限、无法保证成功的新事业来说，寻找优秀的经营模板并借鉴其经营方法可以更快地取得成果。

另一方面，企业经营者也要意识到基准管理法的缺点和局限性。只要采用基准管理法，就难以在该领域取得突破。对于旨在通过引进崭新商业模式开拓新天地的革新型事业来说，采用基准这一概念从一开始就存在着矛盾（当然，即便是革新型事业，也没有必要在所有的业务流程上都追求革新，因此在特定的领域仍然可以采用某种形式的基准管理法）。

另外，借鉴其他行业的基准，有时候可能并不适合自己的事业。比如，某医院的经营者发现"医院也属于服务型行业"，于是在服务行业寻找基准进行借鉴。为了减少患者的等待时间，向餐饮业学习运营方式，确实能够取得一定的效果。但向麦当劳、迪斯尼乐园学习接待顾客的态度恐怕就没什么效果。

导入基准时有一个最根本的问题，那就是"其他企业究竟能够提供多少真正有价值的信息（或者从其他企业偷学）"。比如在金融领域的某个新事业中，针对顾客的信用管理和对不良债权做出预测是成功的关键。在这种情况下，如果以个人信用管理方面较为领先的消费者金融为基准，向对方请教，对方又能介绍多少"有价值的经验"呢？除了能够公布的信息（年收入、资产、工龄、家属、借款记录）之外，其他内容很可能都是保密的信息。毕竟让企业保持竞争优势主要就是靠这部分内容。如果经营者没有理解到这一点，而只是模仿表面功夫，对新事业来说是非常危险的。

第

4

章

财务

绪言：没有现金就无法开始新事业

为了启动新事业，需要从投资者或银行那里筹措资金，在这个时候，最有说服力的方法是什么呢？毫无疑问，就是用数字证明事业的魅力。不论制定了多么新颖的商业模式，或者开发出具有划时代意义的技术，但如果没有利润的话，谁也不会进行投资。反之，如果能够用数字说明投资的回报，投资者和银行都会跃跃欲试。

但是，如果仅凭主观预测销售额，或者为了让投资者接受商业计划而编造数字的话，投资者可不会买账。新事业负责人必须根据符合战略的前提条件对销售额和成本进行预测，制作各种财务预测表、进行现金流模拟演示，这样才能让数字具有说服力。

即便风险企业创业者不依靠任何人的投资，用自己的资金启动新事业，完善的财务计划也是不可或缺的。因为即便在会计账目上处于盈利状态，但在必要时手头却没有现金的话，公司仍然有可能会破产。这就是通常所说的黑字破产。为了防止出现这种情况，企业经营者必须把握每个月有多少销售额，以及需要多少成本，在此基础上对什么时候需要多少资金进行模拟。

一旦建立起模拟的雏形，即便预测的结果和现实稍有出入，也有助于经营者采取应对措施。因为即便销售额没有像预测的那样增长，导致没有盈利，仍然可以通过模拟找出应该提高多少销售额，以及削减多少成本。

或许有人会说"我一直从事营业的工作，或者一直在技术部门工作，对数字很头疼"，可能还有人说"我虽然能够在一定程度上读懂各种财务报表，但是没有信心自己制作"。但正如前文所说，财务计划是让商业计划具有说服力的关键，是切实推进事业发展的重要工具。

制作财务预测表和进行现金流模拟并不难，只要按照本章中讲解的步骤进行，任何人都能够做到。

本章首先对制定商业计划必需的各种财务预测表和现金流预测（间接法）的制作方法进行讲解。同时，也对主要面向投资者的商业计划和企业内新事业计划的投资评估法进行简单论述。在后续的章节中，笔者将讲解对短期资金需求进行预测的现金流模拟（直接法）的制作方法，这种方法可以比较简单地把握资金需求。最后，笔者将从实践角度对事业实际启动之后的资金管理和计划的制定进行讲解。

对财务预测表和项目的评价

在请求投资者进行投资或者判断企业的新事业是否值得投资时，都需要制作损益预测表，在预测将来现金流的基础上，对事业是否能够按照预期获得收益进行说明。

香薰针灸沙龙 EASE OFF（化名）的总店位于东京有乐町的一角。店内飘着草药的香味，播放着轻柔的音乐以及海豚慢慢悠悠游泳的影像。草药的香味来自该店使用的芳香疗法。芳香疗法起源于欧洲，使用从植物的花和根提炼的精油，通过让顾客闻其香味和接受按摩来放松身心。近年来，芳香疗法在日本也越来越受欢迎，而将针灸治疗和芳香疗法结合起来的 EASE OFF 更是备受瞩目。

虽然现在 EASE OFF 已经走上了正轨，但也经历过痛苦的时期。社长山川洋介在回顾过去两年间的经营历程时这样说道："直到最近，事业才刚刚稳定下来，能够较为精准地预测将来的经营前景了。而在此之

218

前都是非常痛苦的时期。"在开展新事业时，意料之外的情况时有发生，EASE OFF 也不例外。那么，该公司都遇到过什么样的难题呢？

＊ ＊ ＊

山川洋介以前在广告代理店从事营业工作，2008年初响应公司内部创业的号召开启了自己的创业之路。本来他就有独立创业的打算，想体验一下营业之外的工作。正好公司为了实现多元化经营，推出内部创业制度，给他提供了绝佳的机会。

当时山川洋介的事业创意是"开展一项消除人们精神压力的业务"，于是他想到将自己经常利用的"芳香疗法"和"针灸"结合到一起的创意。山川白天做公司的工作，晚上则到商学院学习"创业课程"，着手制定将芳香疗法和针灸治疗相结合的商业计划。

在公司的内部审核中，山川这个符合"消除压力"这一时代要求，同时又能够实现差异化经营的商业计划得到了一致好评，而且他这份体系完善的商业计划与其他漏洞百出的商业计划相比显得十分醒目。在对财务数字的预测上，山川通过向预想的用户进行问卷调查，以及向专家咨询，准确地估算出成本。此外，对计划的评估也很中肯。

结果，山川的计划在几十份商业计划中脱颖而出，公司与山川共同出资，于2009年1月成立了 EASE OFF。

在 EASE OFF 出现之前，芳香疗法沙龙和针灸诊所都已经存在，但将两者结合到一起，EASE OFF 是第一个。这对山川洋介来说既有好处也有坏处。好处是可以获得先行者优势，杂志经常将 EASE OFF 作为新型事业宣传；坏处则是难以预测销售额。

在预测销售额时，一般是以迄今为止自身的实际业绩和同行业其他公司的实际业绩为基准来进行预测。但 EASE OFF 既没有自身业绩，也没有同行业其他公司可以参照。针对预想的用户进行问卷调查，乍看起来有根有据，但实际在很大程度上依赖直觉。而且，现实是残酷的，EASE OFF 开业之初的销售额还不到当初计划的一半。

注：本案例根据实际存在的企业制作，在不影响关键内容的范围内进行修改。另外，在文中使用的数值和实际情况不同。

理论

一、损益预测表及预测现金流

在制定商业计划时，必须制作五至十年左右的财务预测表并对相应的现金流进行预测。因为一项业务的好坏，完全取决于财务数字。

但一般情况下，在制作商业计划阶段不需要制作预测资产负债表（B/S），只需要制作损益预测表（P/L），以此为基础对现金流进行预测。接下来笔者将对财务预测表的制作方法进行说明。

（一）预测销售额的方法

对 EASE OFF 来说，最困难的事情就是预测销售额。

美国某专门研究企业家精神的专家曾经这样说道："优秀的商业计划，大都对成本预测较为准确。研究开发成本、市场营销成本、一般管理成本等都能准确地预测出来。然而，即便是优秀的商业计划也会出现失误，那就是预测销售额。"

由此可见，预测销售额相当困难。解决方法之一是提前制定应对方案，保证即便预测出现偏差也不会出现大的问题。关于这种方法，笔者将在下一节进行说明，本节针对预测销售额的基本方法进行论述。

最基本的方法是预测产品和服务的销售数量及价格，然后将二者相乘。以 EASE OFF 为例，需要预测每个店每个月有几个客人（来店客数），以及每个客人平均支付多少钱（客单价），然后将两者相乘。来店客数和客单价可以参考迄今为止的实际业绩和同行业其他公司的动向等进行预测。

如果是像 EASE OFF 这样不存在同行业其他公司的情况，类似事业的相关信息也多多少少会有些参考价值。

图表4-1是 EASE OFF 的"预测销售额计算表"。只要在各店铺的销售额和最下面的总销售额栏里输入计算公式，然后在其他的项目中输入数字，就能够自动计算销售额。

图表 4-1 Aroma 针灸沙龙 EASE OFF 的销售额预测计算表

	1月	2月	3月	4月	5月	6月
总店						
来店客数（人）	500	700	833	833	833	833
平均客单价（日元）	7000	7140	7200	7200	7200	7200
销售额≈	350万	500万	600万	600万	600万	600万
2号店						
来店客数			500	714	857	857
平均客单价			7000	7000	7000	7000
销售额≈			350万	500万	600万	600万
3号店						
来店客数					500	714
平均客单价					7000	7000
销售额≈					350万	500万
总销售额≈	350万	500万	950万	1100万	1550万	1700万

（二）成本的预测方法

与预测销售额相比，预测成本比较简单。人工费基本由雇用的人数决定，商铺租金也几乎不发生变化。广告费也可以事先确定预算，在预算范围内充分利用。原材料等的采购成本随销售额发生变化，因此可以看作是销售额的百分之几。

不过在原材料的采购价格发生很大变动的时候，成本也会变得难以预测。特别是农作物、贵金属、工业用稀有金属等因为行情和汇率价格会发生很大变化。如果这些东西占成本的大部分，预测成本就会变得更加困难。在这种情况下，需要认真研究过去的行情或者向熟悉产品市场的人请教，采取有效的应对措施。

二、计算现金流的方法

在投资评估中，对现金流的预测是重中之重。因为现金流与随着会计方针的改变而变化的损益表上的利润不同，表示的是企业赚取的实际利润。在金融领域就有"现金是现实、利润是解释"的说法。

接下来，我将在假定能够准确预测销售额和成本的基础上，对计算现金流的方法加以说明。

计算现金流的方法有很多，本节介绍的是"间接法"，具体来说就是调整损益表上的税后利润后计算出的营业活动现金流。这种方法常用于新事业启动之前对现金流进行预测的情况。此外，还有直接计算实际现金额的"直接法"，关于这部分内容，笔者将在下节为大家进行介绍。

因为本案例涉及的并非整个公司的现金流，而是项目的现金流。因此，与会计使用的普通现金流量表的制作方法有若干不同之处，希望大家注意。

请看图表4-2。这是生产资料制造商 ABC 工业通过引进新设备，在四年内生产汽车零部件的"零部件事业项目"的现金流模拟。

ABC 工业在项目开始之际筛选出了以下的前提条件。

（一）销售额

价格固定为单价1000日元，销售个数第一年为9万个，第二年和第三年均为12万个，第四年为8万个。

（二）初期投资额

根据 ABC 工业的估算，启动这个新项目所需投资额为6900万日元。

设备的成本和运输费以及安装费合计为6000万日元。除此之外，在启动新事业时还需要筹措运营资本。运营资本相当于保证事业能够进行下去的一种投资，一般通过"库存 + 应收账款 － 应付账款"来计算（有时候也可以用流动资产减去流动负债来计算）。

在启动事业时，运营资本是必不可少的。

ABC 工业认为必须准备相当于第一年销售额10%，即900万日元的运营资本。此外，如果销售额增加的话，运营资本也需要相应增加。

从这个案例中可以看出，运营资本本应该通过库存、应收账款、应付账款等资产负债表中的项目计算得出，但在预测未来几年的现金流时，则大多简便地通过"销售额的百分之几"来进行计算。也就是利用损益预测表的数字来计算运营成本。

图表 4-2：零部件事业项目现金流模拟

（单位：千日元，销售个数除外）

初期投资额		折旧费	
设备价格	52000		折旧费金额
运输成本	4000	第一年	13000
安装成本	4000	第二年	13000
运营资本	9000	第三年	13000
合计	69000	第四年	13000
资金筹集方法			
银行借款	0		
自有资金	69000		
其他前提条件			
年销售个数	90000		
第一年产品单价	1.0		
销售价格年增长率	0%		
设备的最终年度销售价格	10000		
法人税率	50%		
利息率	5%		
股东资本成本	10%	折扣率	10%

现金流模拟

	初始	第一年	第二年	第三年	第四年
单价		1	1	1	1
销售个数		90000	120000	120000	80000
销售额		90000	120000	120000	80000
生产成本		49500	66000	66000	44000
市场营销成本		6300	8400	8400	5600
工厂管理费		5400	7200	7200	4800
总公司管理费		3600	4800	4800	3200
折旧费		13000	13000	13000	13000
税前利润		12200	20600	20600	9400
法人税		6100	10300	10300	4700
税后利润		6100	10300	10300	4700
折旧补偿		13000	13000	13000	13000
运营资本增加部分		0	3000	0	-4000
运营资本回收					8000
来自营业活动的现金流	0	19100	20300	23300	29700
来自投资活动的现金流					
初期投资	69000				
出售设备收入					10000
出售设备收入的法人税					5000
现金流合计	-69000	19100	20300	23300	34700
现在的价值	-69000	17364	16777	17506	23701
再投资收益率10% 的将来价值		25422	24563	25630	34700
	-69000				110315

NPV	6347
IRR	13.77%
MIRR	12.45%
回收期间：	3年2个月

（三）折旧费

采购设备以后，就必须考虑折旧的问题。

虽然在生产开始就已经全额支付了设备的费用，但是在会计处理上，成本并非全部计入最初的一年，而是每年一点一点计入。这是因为设备要使用很多年。计算折旧费有各种各样的方法（在日本一般使用定率法和定额法），ABC 工业采用的是在四年内定额折旧的方法，将机械的采购费用四等分，每年计入四分之一。

（四）资金筹集方法

ABC 工业接下来要考虑的是如何筹集初期投资所需的成本。从结论上来说，ABC 工业决定不从银行贷款而是全部依靠自有资本来解决。因此，在这个案例中需要支付的利息为0。

（五）其他前提条件

成本除了折旧费以外，都与销售额成比例关系。生产成本为销售额的55%，市场营销成本为7%，工厂管理成本为6%，公司总部的管理成本为4%。

ABC 工业计划4年后将生产设备卖掉，卖价估计为1000万日元。法人税率为50%，股东资本成本为10%。

像这样找出重要的前提条件后，ABC 工业开始计算现金流。根据上述前提条件制作的现金流模拟如图表4-2所示。

虽然其中列举了详细的项目，但是基本结构非常简单，如下所示。

来自营业活动的现金流＋来自投资活动的现金流＝

（用于投资评估的）合计现金流

来自营业活动的现金流＝

税后利润＋折旧费－运营资本增加额

来自投资活动的现金流＝设备投资、设备销售等。

这里计算得出的用于投资评估的现金流被称为"自由现金流"。在财务相关的教科书中常使用下述公式计算。

自由现金流＝营业利润（1－法人税率）＋

折旧费－运营资本增加额－投资

公式虽然不太一样，但基本的内容是相同的。本书不使用自由现金流这个说法，而直接使用现金流这个词。

现金流模拟的顺序如下。

- 销售额：将产品价格乘以销售个数计算得出。
- 税前利润：从销售额中依次减去各种成本就可以得出税前利润。
- 税后利润：税前利润乘以（1－法人税率）就可以得出税后利润。

以上部分的计算方法和损益预测表基本相同。以下部分开始进行现金流的计算，请参照图表4-2。

（六）折旧补偿

之所以要进行这个操作，是因为折旧费属于不伴随现金支出的成本。采购设备的成本都是在事业启动前就已经支付完毕。折旧费只是会计上的项目，并非每年用现金支付1300万日元。因此，在减去法人税之后，需要将折旧费加回去。

（七）减去运营资本增加部分

随着销售额的增加，需要的运营资金也会增加。因为应收账款和库存增加了。但需要减去的并不是每年运营资本的实际额度，而是与前一年的差额，也就是运营资本增加的部分。因为只有增加的部分使受约束的资金增加，导致现金流减少。

（八）运营资本回收

运营资本并非投入之后就无法回收的资金。在事业结束时，需要回

228

收应收账款，销售库存产品。因此，之前投资的运营资本也能回收（但库存是否能够按照评估额卖掉是一个难点）。

（九）加回支付的利息

虽然在这个案例中无须支付利息，但通过银行贷款来筹集资金的话，就需要将支付的利息算进成本中。这样才能更加准确地计算出项目本身的现金流。另外，支付利息之后，会计上的利润相应减少，税额也会减少，所以要减去这部分的税额。

经过上述计算，就可以得出来自营业活动的现金流。到这个程度的话，可以说基本上已经达到目的了。

接下来笔者简单讲解一下来自投资活动的现金流的计算方法。

（十）来自投资活动的现金流

来自投资活动的现金流包括初期投资及除此之外的设备投资相关的现金流。在 ABC 工业的项目中，初期投资额为6900万日元。由于 ABC 工业打算在事业结束之后卖掉设备，所以其销售金额及因此产生的税金也应该计算在内。

通过以上项目就能计算出最终的现金流，填入模拟部分现金流合计的栏中。

虽然 ABC 工业认为这样计算得出的数字具有较高的可信性，但还是尝试变更了几个前提条件，计算得出可信度更高的数据。

在得出合理的数据之后，就可以根据这一数据，计算出回收期间、NPV（净现值）、IRR（内部收益率法）等指标，判断该项目是否值得实施（关于回收期间、NPV、IRR 的详细内容请参照下一项）。

顺便一提，在本案例中，NPV 是正值，IRR 为13.8%。ABC 工业需要确认这些数值与其他项目相比是好还是坏，是否满足了公司的要求基准，然后才能决定是否启动这个项目。

专栏：最终价值

ABC 工业计划在最后一个事业年度，将运营资本和设备投资卖掉变成现金流。这是一个比较简便的方法。除此之外，还有一个方法可以计算出最终年度的现金流。

最常用的方法是假设从第二年以后都会持续产生一定的现金流。在每年都会持续产生一定的现金流（称为 CF）的情况下，假设折扣率为 r，那么现在价值就可以用 CF/r 计算出来。利用这个公式算出最终年度后一年的现金流的现在价值，再将其加在最终年度的现金流中即可。

三、投资评估法

要想判断一项事业是否值得投资，必须评估该事业能够为资金的提供者带来多少"价值"。这里所说的价值就是现金流。能够给资金提供者带来多少现金流，就是该事业的价值。

我们以现金额已经计算得出为前提进行讨论，通过将现金额与投资额进行比较来评估该事业是否值得投资。评估方法主要有三个。接下来笔者将配合案例进行讲解。

假设项目有 A、B 两个方案。两个方案的投资额都是4300万日元，但现金流有所不同。在 A 方案中，估计每年会产生1100万日元的现金流。而在 B 方案中，估计第一年至第五年分别会产生500万日元、900万日元、1300万日元、1800万日元、2300万日元的现金流。

企业没有富余资金来同时实施两个方案，那么到底应该选择哪个方案呢？

（一）回收期间法

首先利用回收期间法来进行一下分析。回收期间法就是根据回收投资的期间来进行评估。

图表4-3显示的是两个方案的现金流情况。从图表中可以看出，初期投资支付了4300万日元，以后每年都能从事业中获得现金流。

回收期间的计算方法非常简单。以初期投资额为负值，然后加上每年的现金流，找出负值变成正值的时间即可。比如对 A 方案来说，在第三年的时候是 −4300+1100+1100=−1000（万日元），这时还没有收回投资，但到了第四年就变成正值。如果 B 方案也按照相同方法计算的话，和 A 方案一样在第四年出现正值。

图表 4-3 回收期间法

（单位：万日元）

	初始	第一年	第二年	第三年	第四年	第五年
A 方案						
现金支出	4300					
现金收入	0	1100	1100	1100	1100	1100
总现金流	−4300	1100	1100	1100	1100	1100
累计亏损 / 盈余	−4300	−3200	−2100	−1000	100	1200
B 方案						
现金支出	4300					
现金收入	0	500	900	1300	1800	2300
总现金流	−4300	500	900	1300	1800	2300
累计亏损 / 盈余	−4300	−3800	−2900	−1600	200	2500

也就是说，如果使用回收期间法来计算的话，选择两个方案中的哪一个都是可以的，因为两个方案回收投资资金所需的时间都是三年。如果其中某一个方案的资金回收期更短的话，就应该选择短的一方。

（二）NPV 法

NPV 法也被称为净现值法，是指将投资产生的现金流的现在价值和初期投资额进行比较，根据现在价值是否超过初期投资额来进行评估。

投资产生的现金流，也可以用同样的方法算出现在价值。在这种情况下，关键在于用什么作为折扣率。基本上可以用"出资者对该项目期待收益率"（期望收益率、期望投资回报、最低资本回报率）作为折扣率。比如，某企业希望通过新事业获得相当于投资额15%的回报，那折扣率就设定为15%。关于计算折扣率的具体方法，笔者将在后文中为大家详细说明。

专栏：现在价值

在经营学领域，今天的1000日元和一年后的1000日元相比，今天的1000日元价值更高。因为将今天的1000日元存入银行，一年后取出来是本金1000日元加一年的利息。而且一年后的1000日元是否能够真的拿到手很难说，但现在的1000日元毫无疑问是会到手的。

所以，假如年利率是5%的话，今天的1000日元相当于一年后的1050日元。反之，如果将一年后的1000日元换算成现在的价值，大概是952日元。换个角度来看的话，就相当于把952日元以5%的利率进行理财，就会变为1000日元。952日元是现在价值，5%就是折扣率，1000日元就是将来价值。

即便同样是1000日元，如果是在两年或者三年后到手，或者折扣率有所不同的话，现在价值也会发生变化。如果以7%的折扣率在3年后获得1000日元的话，这1000日元的现在价值就是816日元。

计算现在价值的公式如下。

$$现在价值 = 将来价值 \div (1+r)^n$$
$$r = 折扣率$$
$$n = 期间（年数）$$

接下来我们仍然以 A 方案和 B 方案为例进行思考。图表4-4表示的是两个项目产生的现金流及现在价值。因为至少也要获得10% 的资金回报，所以将折扣率设为10%（另外，由于四舍五入，图表4-4的合计值有若干出入，图表4-5以后也有同样的问题）。

正如笔者在开头部分讲的那样，NPV 法主要是看现金流的现在价值总和与初期投资额之间的差额。在 A 方案中，第一年以后的现金流的现在价值总和就是4170万日元，从中减去初期投资额4300万日元，答案是 -130万日元。也就是说，NPV 是负值。这意味着不能够收回投资资金（另外，如果是 Excel 表格的话，即便不像图表4-4那样计算各年度的现在价值，也可以使用直接 NPV 这个参数进行计算）。

图表 4-4 NPV 法

（单位：万日元）

	初始	第一年	第二年	第三年	第四年	第五年
项目 A 方案						
现金支出	4300	0	0	0	0	0
现金收入	0	1100	1100	1100	1100	1100
总现金流	-4300	1100	1100	1100	1100	1100
现在价值	-4300	1000	909	826	751	683
净现值（NPV）	-130					
项目 B 方案						
现金支出	4300	0	0	0	0	0
现金收入	0	500	900	1300	1800	2300
总现金流	-4300	500	900	1300	1800	2300
现在价值	-4300	455	744	977	1229	1428
净现值（NPV）	533					
折扣率	10%					

不过，如果这个项目五年也没有结束，五年后也可能继续产生现金的话，因产生现金的额度不同 NPV 也会发生变化。另外，即便项目在第五年结束，但有可能得到设备销售的收入，NPV 也会发生变化，甚至有可能变成正值。但在这个案例中，假定没有这种可能性，也就意味着 A 方案的 NPV 是负值，不值得投资。

在 B 方案中，NPV 是正值。因此，B 方案的回报大于初期投资，有投资价值。

（三）IRR 法

接下来看一下 IRR 法（内部收益率法）。IRR 指的是让净现值为零的折扣率。这个数值越高，投资的收益率越高。在计算 IRR 时可以使用以下的公式。

$$CF_0 + \frac{CF1}{(1+IRR)} + \cdots \frac{CFn}{(1+IRR)^n} = 0$$

CF_0 = 初期投资额（用负数表示）

CF_1 = 第一年的现金流

CF_n = 第 n 年，项目最后一年的现金流

以前多采用试错法，将各种数值带入上述公式的 IRR 中，直到等式成立，但近年来常用电子表格程序的 IRR 函数。

那么，A 方案和 B 方案的 IRR 分别是多少呢？经过计算得知 A 方案的 IRR 为9%，B 方案的 IRR 为14%。因此，可以判断 B 方案更有魅力。本来公司期待的投资回报率就在10% 以上，所以 A 方案也没能满足这一条件。如果期待收益率为15% 的话，那么连 B 方案也没有达到收益率要求。这两个方案就都不值得实施了。

（四）各种方法的优缺点

经过上述投资判断方法的计算，得出的结果是选择 B 方案，但并不

是说经由多数表决做出的选择就是最好的，应该充分理解各个方法的优点和缺点。

1.回收期间法

这个方法的优点是"简单"，只需通过简单的加法计算就能做出判断，另一个优点是可以作为判断投资风险的基准。

在得到与投资额相等的现金流之前，资金都会被冻结在投资上。如果资金是通过银行贷款筹措来的，只有赚到与贷款额相同的现金流才能归还贷款。因此，回收期间越长项目的魅力就越低。A方案和B方案因为回收期间相同，从资金的流动性上来看，风险是基本相同的。

回收期间法的缺点在于完全没有净现值这个概念。在A方案中，每年会产生1100万日元的现金流，但是第五年的1100万日元比第一年的1100万日元的现在价值小。但在回收期间法中，这两者被看作是同样的价值。

为了解决这个问题，可以计算出现金流的现在价值，然后使用这一数值来计算回收期间（折现回收期间法）。图表4-5就是计算方法。根据这种方法可以得出A方案即便过了五年也不能收回投资资金，B方案在第五年可以收回投资资金的结果。

图表 4-5 折现回收期间法

	初始	第一年	第二年	第三年	第四年	第五年
A 方案						
现金支出	4300	0	0	0	0	0
现金收入	0	1100	1100	1100	1100	1100
总现金流	-4300	1100	1100	1100	1100	1100
现在价值	-4300	1000	909	826	751	683
累积盈余 / 亏损	-4300	-3300	-2391	-1564	-813	-130
B 方案						
现金支出	4300	0	0	0	0	0
现金收入	0	500	900	1300	1800	2300
总现金流	-4300	500	900	1300	1800	2300
现在价值	-4300	455	744	977	1229	1428
累积盈余 / 亏损	-4300	-3845	-3102	-2125	-896	533
折扣率	10%					

　　回收期间法的另一个缺点是完全忽视了回收初期投资之后的现金流。不管在回收投资之后能够得到庞大的现金流还是几乎得不到现金流，回收期间可能都是一样的。

　　因此，在将回收期间法作为评估投资的基准时，最好把其作为一个辅助性的指标来使用。

2. NPV 法

　　NPV 法没有回收期间法和 IRR 法那样明显的缺陷。事实上，学术界也常常将 NPV 法作为评估投资的标准。但是，在使用 NPV 法的时候有一点必须特别留意，那就是折扣率。

前文中在评估 A 方案和 B 方案时，将折扣率定为10%。假如这个数字是15% 的话，各年度的现金流的现在价值就会如图表4-6那样发生变化。结果，B 方案的 NPV 也会变成负数。

图表 4-6 NPV 法（折扣率为15% 时）

（单位：万日元）

	初始	第一年	第二年	第三年	第四年	第五年
A 方案						
现金支出	4300	0	0	0	0	0
现金收入	0	1100	1100	1100	1100	1100
总现金流	-4300	1100	1100	1100	1100	1100
现在价值	-4300	957	832	723	629	547
净现值（NPV）	-613					
B 方案						
现金支出	4300	0	0	0	0	0
现金收入	0	500	900	1300	1800	2300
总现金流	-4300	500	900	1300	1800	2300
现在价值	-4300	435	681	855	1029	1144
净现值（NPV）	-157					
折扣率	15%					

如果折扣率是5% 的话，现在价值也会发生变化（图表4-7）。因此，在使用 NPV 法的时候，设定"合适的折扣率"非常重要。

（单位：万日元）

	初始	第一年	第二年	第三年	第四年	第五年
A 方案						
现金支出	4300	0	0	0	0	0
现金收入	0	1100	1100	1100	1100	1100
总现金流	-4300	1100	1100	1100	1100	1100
现在价值	-4300	1048	998	950	905	862
净现值（NPV）	462					
B 方案						
现金支出	4300	0	0	0	0	0
现金收入	0	500	900	1300	1800	2300
总现金流	-4300	500	900	1300	1800	2300
现在价值	-4300	476	816	1123	1481	1802
净现值（NPV）	1398					
折扣率	5%					

3. IRR 法

IRR 法是个很容易使用的指标。不但不用考虑折扣率，还可以用"A 方案的 IRR 是9%，B 方案的 IRR 是14%"来更加直观地进行说明。事实上，像商社和金融机构等经常"根据比率做判断"的组织，经常将 IRR 作为评估投资的基准。

但 IRR 法也有缺点。IRR 法的前提是将现金流按照 IRR 的数值进行再投资。比如在 B 方案中，第二年产生出900万日元的现金流。为了实现 IRR14% 这个目标，必须一直以14% 的收益率来运用这900万日元，直到第五年。但实际上有时会把这900万日元以年利率5%左右的利息存到银行，还有可能投资到高风险高回报的项目中。也就是说，未必所有的现金流都会按照与 IRR 相同的利率进行再投资。

要想解决上述问题，可以采用 MIRR（内部修正收益率）。这是以更现实的利率，对从项目中得到的现金流进行再投资为前提计算收益率的方法。

修正内部收益率的计算方法如下：

$$PV \text{ 成本} = \frac{TV}{(1+MIRR)^n}$$

PV（项目价值）成本 =

投入到项目中的资金的现在价值

TV（最终价值）=

从项目中获得的所有现金流的最终价值的合计额

n= 项目年数

让我们以 B 方案为基础进行一下思考（图表4-8）。

PV 成本和初期投资额相同，都是4300万日元，TV 的计算方法如下。

假设将从项目中获得的现金流全部以10% 的年利率再投资到项目中，那么第一年从项目中得到的500万日元现金流在项目结束时的第五年会变为732万日元（$500 \times 1.1 \times 1.1 \times 1.1 \times 1.1 = 732$）。同样第二年的现金流在第五年会变为1198万日元，第三年的现金流会变为1573万日元，第四年的现金流会变为1980万日元。将这几年的现金流和第五年的现金流加起来就是7783万日元，这就是 B 方案的 TV。

修正内部收益率就是 TV 和 PV 成本相等时的折扣率。带入上述公式计算就是：

$$4300 = \frac{7783}{(1+MIRR)^5}$$

$$MIRR = 0.126$$

$$MIRR = 12.6\%$$

图表 4-8 修正内部收益率法

（单位：万日元）

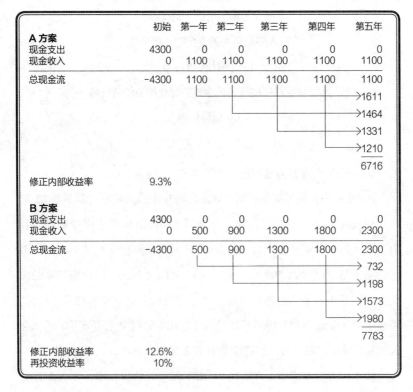

	初始	第一年	第二年	第三年	第四年	第五年
A 方案						
现金支出	4300	0	0	0	0	0
现金收入	0	1100	1100	1100	1100	1100
总现金流	-4300	1100	1100	1100	1100	1100
						→1611
						→1464
						→1331
						→1210
						6716
修正内部收益率	9.3%					
B 方案						
现金支出	4300	0	0	0	0	0
现金收入	0	500	900	1300	1800	2300
总现金流	-4300	500	900	1300	1800	2300
						→ 732
						→1198
						→1573
						→1980
						7783
修正内部收益率	12.6%					
再投资收益率	10%					

搞清楚各个评估方法的优点和缺点以及修正方法之后，只要根据具体情况使用合适的指标就可以了。如果读者有投资的决定权，可以利用所有的指标进行计算，然后做出综合的判断即可。

如果需要向不太懂数字而且也没多少时间的上司进行说明，使用 IRR 和 MIRR 等收益率相关的基准更能够说服对方。如果想准确地说明"能赚多少钱"，可以选择包括现金流金额和折扣率在内的 NPV 法。

四、折扣率

在对 A 方案和 B 方案进行评估时，因为"期待获得10%的资金回报率"而将折扣率设定为10%。但正如在净现值法中介绍的那样，现金流的现在价值会因折扣率不同而发生巨大的变化。那么，如何设定合适的折扣率呢？

在计算具体的折扣率之前，必须理解与折扣率密切相关的"资本成本"。

专栏：资本成本

企业通过从债权人、股东那里筹集资金运营事业。债权人和股东向企业"投资"，当然会期待获得与投资相应的回报。对债权人来说，回报就是利息，对股东来说，回报就是分红和股价上涨带来的利益。

另一方面，对企业来说，利息和分红等就是筹集资本所需要的成本。因此，这些通称为"资本成本"。

因为筹集资本需要花费成本，所以必须从事业中获取足以覆盖成本的收益。也就是说，项目至少要获得与资本成本相同的回报，否则就无法从投资者那里获得资金。所以，在对项目进行评估时，资本成本也是折扣率的基础。

接下来让我们结合案例来进行一下思考。

假设你的公司从银行以年利率8%的利息借贷资金，股东期待分红和股价上涨带来的利润合计能够达到15%的回报率。按照公司的经营方针，借款要维持在全部资本（负债＋股东资本）的50%。这时，你公司的资本成本大概是多少？

最有代表性的计算资本成本的方法是WACC(加权平均资本成本)，这是将负债所需成本和通过发行股票筹措资金所需成本（股东资本成本）进行加权平均得出的。其计算公式如下。

$$WACC=wdkd（1-t）+wsks$$

$$wd=负债和股东资本中全部负债的比率负债÷$$

$$（负债＋股东资本）kd=负债的平均资本$$

$$t=法人税率$$

ws= 负债和股东资本中股东资本的比率股东资本 ÷

（负债＋股东资本）

ks= 股东资本的平均成本

之所以用负债成本乘以（1－t），是因为如果支付利息的话，利润会相应减少，税金也会相应减少。

我们来实际计算一下 WACC。根据公司的经营方针，负债比率为50%，负债成本为年利率8%，股东资本的比率因为负债是50%，所以也是50%。股东期望获得15%的回报，那么股东资本成本就是15%。假设法人税率为50%，将这些数字带入上述的公式，计算结果如下。

$$WACC = 0.5 \times 0.08 \times (1 - 0.5) + 0.5 \times 0.15 =$$
$$0.095 = 9.5\%$$

也就是说，你公司的资本成本是9.5%。这个数字与迄今为止使用的10%很接近。公司提出"希望得到10%的回报"这一要求与资本成本基本相符。将 WACC＝9.5% 作为折扣率来计算项目的 NPV，如果结果为正值，这个项目就符合债权人和股东的期望。

或许有读者对股东资本成本持有疑问，为什么说股东期待15%的回报？这个数字是怎么计算出来的？

在与负债成本进行比较时，可以通过 CAPM（资本资产定价模型）来计算股东资本成本。计算公式如下所示。

$$股东资本成本 = k_{rf} + \beta（k_M - k_{rf}）$$

k_{rf} 意味着无风险率，指的是国债等几乎没有风险的债券的利率，β 表示该公司股价针对整个股票市场的波动率。一般来讲，从事高风险业务企业的 β 比较大（1以上），从事低风险业务的企业 β 比较低（1以下）。这可以在东京证券交易所的数据中查到。

k_M 表示整个股票市场的收益率。将 $k_M - k_{rf}$ 称作风险溢价，表示整个市场对股票投资的风险要求多大的风险溢价。证券公司等经常公布数据，届时可以参考。

假如长期国债的利率是4%，风险溢价为5%，如果公司的 β 是1.2的话，股东资本成本如下：

$$4 + 1.2 \times 5 = 10\%$$

但上述方法未必是绝对的，因为本来就不存在"绝对正确的折扣率"。虽然在大多数情况下，WACC 都被当作折扣率使用，但也有关于WACC 作为折扣率来使用是否恰当的讨论。关于此，请参照专栏"WACC的局限性和 APV（调整后净现值）"。

此外，有的时候光是收集这些数据就非常困难。比如非上市企业的 β 和各个事业部的 β，只能通过类推法来计算。另外，在当今这个经营环境变化剧烈的时代，新项目的不确定性很高，因此有不少经营者和投资者也考虑应该提高折扣率。

在这种情况下，应该回到原点思考以下的问题："这个项目到底会有多高的收益率""如果不投资这个项目的话，这些资金能取得多少收益率"。

图表4-9为大家准备了空白的工作表。大家在实际策划项目的时候可以将数字填进去。计算出现金流之后，可以再试着计算出 NPV、IRR 等指标。看看 NPV 是否为正数，IRR 是否是你公司能够接受的数值。请大家一定要确认这一点。

专栏：WACC 的局限性和 APV

WACC 就是调整税收后的资本成本。不过，从前面的公式中也可以看出，调整只有一次，只有一个税率。

但现在企业的资本结构十分复杂，税收内容也十分复杂。假如企业的资本结构中包含带有可转换公司债的新股预约权的公司债等结构不标准的负债，就很难用单纯的公式计算税收内容。另外，资本结构也并非一成不变的。资本结构发生变化，资本成本也会相应发生变化。如果将这么复杂的税收内容和资本结构的变化都带入 WACC 的计算中，计算公式就会变得非常复杂，也很容易出现错误。

本来用一个资本成本来给所有的现金流打折的做法就是不合理的，于是 APV 法应运而生。

调整现值法是将财务方面的副效果（税收等）和来自事业的现金流分别进行分析的方法。计算顺序如下。

• 用股东资本成本除以来自营业活动的现金流和来自投资活动的现金流的总和。也就是假设所有的资金都能够通过股票来筹集。

• 计算财务方面的副效果。在现实中，筹集资金不仅仅需要通过股票，还要通过贷款。因此，在这里计算出负债部分的效果。具体来说，就是用负债成本或略高于负债成本的折扣率来除以（关于折扣率使用哪个数字存在争议，这里笔者仅仅列出最普遍的方法）负债资本产生的现金流（税收效应等）

• 将这两个折扣过的现金流相加就是 APV。

使用 APV 法，还可以对事业进行更详细的分析。比如某工厂为了进行改善，计划引进更高效的设备和变更作业工序。按照传统的 NPV 法，只使用一个折扣率来统计所有的改良活动中产生的现金流。但是，在 APV 法中，需要分别计算更换设备产生的现金流和变更作业工序产生的现金流，用不同的折扣率来进行统计。这样一来，哪个措施在多大程度上对整个改良活动做出了贡献就会更加一目了然。

图表4-9：模拟工作表

前提条件表

初期投资额	金额
设备价格	
运输费	
安装费	
其他初期投资1	
其他初期投资2	
运营资本	
合计	

折旧	折旧额	账面价值
第一年		
第二年		
第三年		
第四年		
第五年		
第六年		
第七年		
第八年		

资金筹措方法	金额
借款	
自有资金	
其他	
合计	

资本成本及其他	%
利息率	
股东资本成本	
法人税率	
折扣率	

销售额前提条件1	金额 /%
产品A的年销售个数	
产品A的销售个数年增长率	
产品A第一年度产品单价	
产品A单价年增长率	

销售额前提条件2	金额 /%
产品B的年销售个数	
产品B的销售个数年增长率	
产品B第一年度产品单价	
产品B单价年增长率	

销售额前提条件3	金额 /%		销售额前提条件4	金额 /%
产品 C 的年销售个数			产品 D 的年销售个数	
产品 C 的销售个数年增长率			产品 D 的销售个数年增长率	
产品 C 第一年度产品单价			产品 D 第一年度产品单价	
产品 C 单价年增长率			产品 D 单价年增长率	

成本前提条件1	金额	年增长率	金成本前提条件2	金额	年增长率
产品 A 原材料成本			产品 B 原材料成本		
生产产品 A 所需的人工成本			生产产品 B 所需的人工成本		
合计			合计		

成本前提条件3	金额	年增长率	成本前提条件4	金额	年增长率
产品 C 原材料成本			产品 D 原材料成本		
生产产品 C 所需的人工成本			生产产品 D 所需的人工成本		
合计			合计		

成本前提条件5	第一年	第二年	第三年	第四年	第五年
员工工资					
员工奖金					
福利					
广告宣传费					
促消费					
搬运费 / 运输费					
通信费					
房租 / 办公室管理费					
水电费					
税务人员 / 律师咨询费					
杂费					
折旧费					
支付利息					

现金流模拟演示

	初始	第一年	第二年	第三年	第四年	第五年
销售额						
成本						
员工工资						
员工奖金						
福利费						
广告宣传费						
促消费						
搬运费 / 运输费						
通信费						
房租 / 办公室管理费						
水电费						
税务人员 / 律师咨询费						
杂费						
折旧费						
支付利息						
税前利润						
法人税						
税后利润						
折旧补偿						
（支付利息 - 节税部分）补偿						
运营成本增加部分						
运营成本回收						
来自营业活动的现金流						
来自投资活动的现金流						
初期投资						
设备销售收入						
设备销售收入的法人税						
现金流合计						
现在价值						
将来价值						

NPV
IRR
MIRR
资金回收期间

现金流模拟

要 点

即便事业在会计上取得了利润，但资金周转出现困难的话，经营也无以为继。如果手中没有必要的现金，就无法按时向供应商付款，也无法按时给员工发放工资，公司就不能运营下去。

什么时候需要多少现金？如何获得这些现金？要想回答上述问题，现金流模拟是最有效的方法。

案 例

在商业计划中 NPV 为正数的 EASE OFF，实际开业后的销售额却不到预计的一半。

如果销售额比预计少，会发生怎样的问题呢？最大的问题是资金短缺。即便销售额减少，成本却没那么容易减下来。房租和设备租金每个月都要足额支付，还要支付员工的工资。虽然采购和广告成本可以根据销售额削减，但如果过分削减广告成本，会影响来店消费的顾客数量。但就这样不采取任何对策地经营下去，手头的资金很快就会用光。

图表4-10是 EASE OFF 第一年度的简要经营模拟图。因为是新事业，所以预计最初会有一定程度的赤字，总店计划在第三个月实现盈利，然后在3月份开2号店，5月份开3号店。但实际上，销售额远远低于预期。

根据 EASE OFF 的实际业绩对预期进行调整后的模拟图如图表4-11所示，假如不改变公司当初的扩张计划，那么在3月份必须增资1000万日元，这样还不敢肯定能够支撑下去。即便如此，在七个月以后还必须进行新的增资来维持事业。

图表 4-10 EASE OFF 在事业开始前的模拟

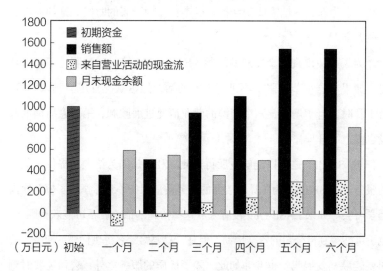

于是，山川采取了加强营业的措施，通过派发宣传册等资料，努力增加销售额。幸运的是这些努力没有白费，杂志对 EASE OFF 进行了报道，来店消费的顾客大幅增加，销售额也随之增加，总店的开工率也接近100%。

在总店扭亏为盈之后，EASE OFF 开始扩大事业规模，2号店、3号店相继开业，但这时又出现了和创业时相同的问题。由此可见，当初对销售额的预估实在是太高了。

于是，母公司的财务部根据实际情况调整了销售额预期，重新对事业进行模拟，结果发现3家店铺在开张几个月之后都会出现资金短缺的问题。因为新开店铺需要初期投资成本，在刚开店的时候无论如何都会出现赤字。

为了避免出现资金短缺的问题，EASE OFF 第一时间制定了增资计划。如果在这个节骨眼上不进行增资的话，经营状况肯定会陷入困境。由于及时进行了增资，三个店铺的营业情况进展顺利，第四家店铺的开设也提上了日程。

EASE OFF 之所以能够发展得如此顺利，是因为给顾客提供了优质的服务。EASE OFF 为了让各店铺的服务质量保持一致，举办了好几次内部学习会。如果 EASE OFF 没有采取这些措施的话，就不可能获得顾客，也不可能得到母公司的资金援助。但是，只要给顾客提供优质的服务，公司就能顺利发展吗？也并非如此。除了优质的服务之外，公司还要时刻观察数字，对模拟及时地进行修正，资金不足就制定增资计划，尽早采取应对措施。这才是让事业持续发展并不断扩大的关键。

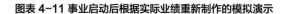

图表 4-11 事业启动后根据实际业绩重新制作的模拟演示

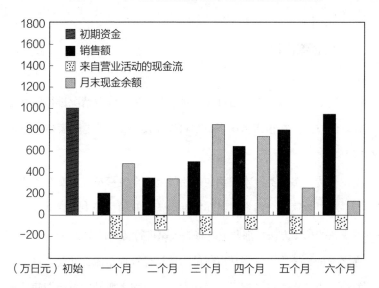

今后，山川还计划进一步扩大事业规模。"现在我们已经摸清了开新店的模式，也掌握了吸引顾客的方法。今后在开设新店的时候应该不会再做出错误的预测。虽然现在的状况和我最初提交的那份商业计划有些出入，但今后我会努力使新事业的发展接近商业计划提出的目标。"

注：本案例根据实际存在的企业制作，在不影响关键内容的范围内进行了修改。另外，在文中使用的数值和实际情况不同。

一、现金流模拟

由上述案例可以看出，通过模拟对事业将来的收益情况进行预测是非常有效的方法。在很多情况下，都可以使用 Excel 等电子表格程序来进行模拟。

模拟分为许多种类。本案例中采用的是现金流模拟。虽然在商业计划中大多不包含这部分内容，但在实际运营事业的过程中，现金流模拟是不可或缺的预测方法，因此笔者将为大家进行特别说明。

在之前的章节中，笔者从以年度为单位计算现金流，并对项目进行评估的角度为大家进行了解说。而在本节中，将主要针对更短期间的现金流模拟进行思考。另外，在本节中使用的不是间接法，而是将关注的重点放在每天实际出入的现金上的直接法为基础进行论述。

（一）为什么现金流很重要

重视短期现金流最直接且最主要的原因是，"如果手头没有足够的现金，企业就不能运营下去"。如果在发工资的那一天不能支付工资，员工就会辞职。如果在结账日之前不给供货商支付货款，之后的交易就很难再进行下去。最终的结果就是企业破产。

但是，手头要准备充足的现金，远比我们预想中的更加困难。正如我们在 EASE OFF 的案例中看到的那样，想要准确地预测销售额十分困难。就算能够顺确地预测销售额，实际获得现金也是在提供产品和服务的一个月甚至两个月之后。而且，支出超出预期，导致手头现金减少的情况也时有发生。

将这些不确定的因素全部考虑在内，对将来手头是否有充足的现金进行预测，就是现金流模拟。通过模拟，可以发现在什么时候会出现资金短缺。这样就可以尽早采取措施，贷款或做增资准备。另外，如果通过模拟发现会出现资金富裕的情况，可以将这部分资金用于扩大事业规模。

（二）现金流模拟的制作方法

接下来笔者将针对具体如何制作现金流模拟进行讲解。

另外，关于折旧费、运营资本增加等内容，因为和前面的间接法原理相同，这里不再赘述。

1.模拟的结构

笔者在图表4-12显示了 Aroma 针灸沙龙 EASE OFF 的模拟演示，这是图表4-11的基础。详细项目和排列顺序因行业和企业而有所不同，但是可以认为其基本结构是相同的。之所以把现金流分为三类，是为了与在会计上要求的现金流声明取得一致。

最上面的"来自营业活动的现金流"是与事业有直接关系的收入和

支出。对 EASE OFF 来说，营业收入是从来沙龙消费的顾客那里获得的服务费，支出如图表中所示，包括房租（含家具、器材等的租赁成本）、人工费、广告费、芳香精油等成本。

第二项"来自财务活动的现金流"是指与资金筹集相关的收入和支出。收入是指贷款以及增资获得的资金，支出是指支付的利息、分红以及偿还借款等（利息通常包括在来自营业活动的现金流中，为了容易理解，放到这一项中）。

第三项"来自投资活动的现金流"是指购买建筑物、大型设备时支付的投资金额。

正如前文中提到过的那样，这里需要注意的是，实际上在什么时候能够收到（或支付）多少现金。EASE OFF 属于提供服务之后立刻就会收到现金的业务，所以没什么问题，但拥有很多法人客户的生产资料制造商在给客户送货之后过一段时间才能收到货款（应收账款）的情况很多，必须注意这一点。

将上述三种现金流的收支进行合计，再加上上个月剩余的现金，就能计算出该月的现金余额。

图表 4-12 Aroma 针灸沙龙 EASE OFF 的现金流模拟演示

（单位：万日元）

		1月	2月	3月	4月	5月	6月
来自营业活动的现金流							
收入		200	350	500	650	800	950
支出							
	房租	100	100	180	180	260	260
	工资	120	150	200	250	300	375
	采购	50	88	125	163	200	238
	广告	150	150	180	180	210	210
合计		−220	−138	−185	−123	−170	−133
来自财务活动的现金流							
收入							
	借款						
	增资			1000			
支出							
	支付利息						
	偿还贷款						
合计		0	0	1000	0	0	0
来自投资活动的现金流							
支出		300		300		300	
合计		−300	0	−300	0	−300	0
月末现金余额							
前三项之和		−520	−138	515	−123	−470	−133
上个月的结转余额		1000	480	342	857	735	265
现金余额		480	342	857	735	265	132

2.如何预测现金的不足

现金流模拟的首要目的，就是预测手头是否拥有充足的现金。接下来，笔者将为大家说明如何根据模拟进行预测。

简而言之，就是预测出来自销售额的收入、成本的支出、支付利息、投资金额等，再按照顺序填入表中，然后计算月末的现金余额是正数还是负数。如果是负数就意味着现金不足，需要重新调整来自销售额的收入、成本支出等个项目，或者制定增资、贷款等计划。

预测来自销售额的收入、成本的支出时，可以按照本章讲过的销售预测、成本预测的方法来进行。

一年下来，如果新事业有盈利的话，还要考虑税金的问题。在这个时候需要注意税金是针对会计利润征收的，而本节介绍的模拟方法计算的是现金流上的收益。如果要计算会计上的利润，所使用的方法和这里的模拟不同，必须根据会计原则制作损益表来计算（更严格地说，财务会计上的成本和税务会计上的亏损之间也有差异，因此也要考虑财务会计和税务会计的差异），然后将计算出的金额代入税金支付月的现金流模拟中，计算出每个月的收支。

像这样对关于收入、支出的所有项目进行预测后，将结果填入模拟表中。如果月末现金余额为负数，就意味着资金不足。在这种情况下，或者调整来自销售的收入、成本支出等计划，或者增加初期的投资金额，或者在中途增资或者贷款。决定采取的对策后，再将预测金额填入模拟表中，确认月末的余额是正数还是负数。

3. 谁制定多长期间的模拟

像这样的模拟应该由谁来制定呢？一般来说，如果是新创业的话应该由创业者来制定，如果是企业的新事业则应该由新事业的负责人来制定。通过制定模拟并进行实际演示，能够培养事业中的"金钱感觉"，加深对业务特征的理解。

不过，如果在创业成员中有擅长金融，能够熟练操作电子表格程序的人，也可以让这个人来制定模拟表。不过，在这种情况下，创业者或者新事业负责人也要理解模拟内容并能熟练进行操作。

（三）期间

如果模拟的目的是把握事业启动时的资金需求，就没有必要做太长期间的模拟。但有时候根据具体目的，也需要进行几年间的模拟。

二、敏感度分析

正如前文中说过的那样，要想准确预测销售额非常困难，但有时候成本也很难预测。因此，必须要考虑到预测错误的情况，提前思考"招揽不到客人的话会怎样""下调价格会有什么结果"等问题。所谓敏感度分析，就是像这样考虑各种各样的情况，将每一种情况的数字代入进去，观察底线（在这种情况下指月底现金余额）会发生怎样的变化。除了现金余额之外，当顾客人数、单价发生变化时，还可以观察销售额以及每个月的收支会发生怎样的变化。

在进行敏感度分析时需要注意以下两点。

第一，以对事业产生很大影响、变化可能性较大的项目的数字为中心。在 EASE OFF 的案例中，顾客人数和价格就属于这样的数字。如果使用的是价格变动剧烈的原材料，那么就将该材料的价格代入进去。

第二，一次只代入一项数字，否则就无法知道哪个数字的变化会带来多大的影响。如果现有项目会随着代入数字的变化而变化，那么该项目的数字也要相应地进行调整。比如销售额发生变化，采购额也会发生变化，因此必须根据销售额的变化来调整采购额。如果贷款增加的话，也必须相应增加支付利息。

像这种会产生联动的项目，最好提前在电子表格程序中输入计算公式，保证一方改变的话，另一方也相应改变。

（一）敏感度分析的实际案例

那么，实际应该如何进行敏感度分析呢？让我们再次以 EASE OFF 最初的计划为例进行一下思考。另外，后文中的销售额以及成本都以现金为基准进行讨论。为了便于理解，只以总店的业绩为例进行说明。此外，因为 EASE OFF 计划在短期内开设分店，所以将第0个月时总店的底线现金余额设定为400万日元。

图表4-13、4-14是 EASE OFF 总店的经营情况模拟。正如在 Line1 的来店顾客数一栏中显示的那样，图表中设定的前提是第一个月有500

名顾客，第三个月以后顾客人数大致维持在833人。预计每位顾客对一次服务支付的金额（客单价）最初为7000日元，第三个月及以后为7200日元（Line2）。预计在2号店开张后支付的工资成本减少，广告成本也会减少，因此从第三个月就开始盈利（Line10）。月底的现金余额在第二个月触底后开始增加（Line12）。

我们就使用这个模拟表来进行感度分析。

图表4-15和图表4-16显示的是第一个分析结果。顾客数和客单价与原始的模拟不同，预计一月份的状况在六个月的期间内不发生变化（line1）。结果如Line3所示，销售额没有变化，Line10中每个月的收支也一直处于负数。这个状况持续下去的话，月底的现金余额将在八月份转为负值。为了避免情况愈发恶化，必须采取加强营销、削减成本等措施。

图表4-17和图表4-18是将顾客数的预测恢复到原始模拟的状态，并且预测Line2的平均客单价每月上升3%。因为顾客稳定下来后，会要求更高额的服务。经过这一调整后，销售额大幅增加，六月份的销售额比原始模拟还多出将近76万日元。月底现金余额也有所增加，六月底的现金余额超过了1000万日元。这样一来，就有富余的资金用于开设新店和加强营销了。

由此可见，只是稍微调整一下数字，模拟的结果就会发生很大的变化。如果能够提前预测可能发生的各种情况，进行敏感度分析，不管实际上发生哪种情况，至少不会惊慌失措。虽然没有必要对所有的情况提前做好准备，但至少也能够提前想好应对的办法。

图表 4-13 总店收益敏感度分析（原始案例）

		1月	2月	3月	4月	5月	6月
Line1	来店顾客数（人）	500	700	833	833	833	833
Line2	平均顾客单价（日元）	7000	7140	7200	7200	7200	7200
Line3	销售额	350万	500万	600万	600万	600万	600万
	成本						
Line4	房租	100万	100万	100万	100万	100万	100万
Line5	工资	120万	150万	120万	120万	120万	120万
Line6	采购	87.5万	125万	150万	150万	150万	150万
Line7	广告费	150万	150万	70万	70万	70万	70万
Line8	成本合计	457.5万	525万	440万	440万	440万	440万
Line9	支付利息						
Line10	每月收支	-107.5万	-25万	160万	160万	160万	160万
Line11	上个月的结转余额	400万	292.5万	267.5万	427.5万	587.5万	747.5万
Line12	月底现金余额	292.5万	267.5万	427.5万	587.5万	747.5万	907.5万

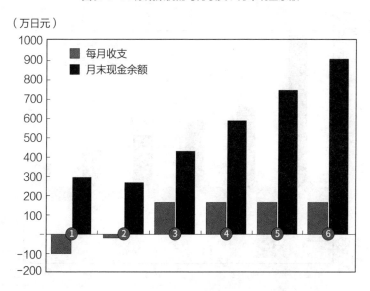

图表 4-14 原始案例的每月收支、月末现金余额

（万日元）

图例：
- 每月收支
- 月末现金余额

图表 4-15 总店收益敏感度分析（敏感度分析1：顾客数不变）

		1月	2月	3月	4月	5月	6月
Line1	来店顾客数（人）	500	500	500	500	500	500
Line2	平均客单价（日元）	7000	7000	7000	7000	7000	7000
Line3	销售额	350万	350万	350万	350万	350万	350万
	成本						
Line4	房租	100万	100万	100万	100万	100万	100万
Line5	工资	120万	150万	120万	120万	120万	120万
Line6	采购	87.5万	87.5万	87.5万	87.5万	87.5万	87.5万
Line7	广告费	150万	150万	70万	70万	70万	70万
Line8	成本合计	457.5万	487.5万	377.5万	377.5万	377.5万	377.5万
Line9	支付利息						
Line10	每月收支	-107.5万	-137.5万	-27.5万	-27.5万	-27.5万	-27.5万
Line11	上个月的结转余额	400万	292.5万	155万	127.5万	100万	72.5万
Line12	月底现金余额	292.5万	155万	127.5万	100万	72.5万	45万

图表 4-16 敏感度分析1的每月收支、月末现金余额

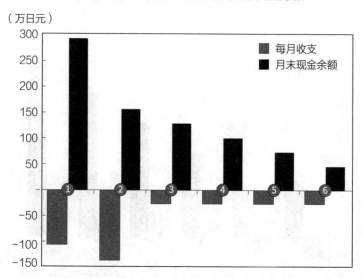

（万日元）

图例：
- 每月收支
- 月末现金余额

图表 4-17 总店收益敏感度分析（敏感度分析2：客单价增加）

		1月	2月	3月	4月	5月	6月
Line1	来店顾客数（人）	500	700	833	833	833	833
Line2	平均客单价（日元）	7000	7210	7426	7649	7879	8115
Line3	销售额	3500000	5047000	6186108	6371691	6562842	6759727
	成本						
Line4	房租	1000000	1000000	1000000	1000000	1000000	1000000
Line5	工资	1200000	1500000	1200000	1200000	1200000	1200000
Line6	采购	875000	1261750	1546527	1592923	1640710	1689932
Line7	广告费	1500000	1500000	700000	700000	700000	700000
Line8	成本合计	4575000	5261750	4446527	4492923	4540710	4589932
Line9	支付利息						
Line10	每月收支	−1075000	−214750	1739581	1878788	2022131	2169795
Line11	上个月的结转余额	4000000	2925000	2710250	4449831	6328599	8350731
Line12	月底现金余额	2925000	2710250	4449831	6328599	8350731	10520526

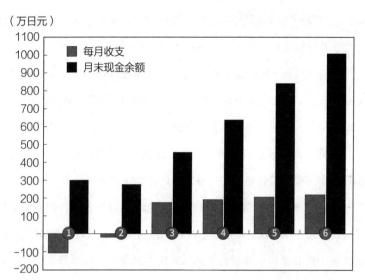

图表：4-18：敏感度分析2的每月收支、月末现金余额

（万日元）

- 每月收支
- 月末现金余额

（二）最佳情况和最差情况分析

在敏感度分析中，最常进行的一种分析就是"最佳情况和最差情况分析"。这种分析方法可以应用于许多模拟和经营分析中，用在现金流模拟上的话情况如下。

首先看一下最佳情况，也就是一切都很顺利的话会怎样。再次以EASE OFF 为例进行思考。对 EASE OFF 来说，最佳情况就是即便价格设定得较高，顾客仍然大量光顾。在这个时候需要注意的是，必须要考虑在常识范围内的最佳情况。如果将价格设定得过高，来店消费的顾客肯定不多。反之，如果价格设定得稍微低一些，就会有很多顾客来店里消费，结果反而能取得最佳的业绩。总而言之，要考虑如何才能取得最佳业绩，并计算出在这种情况下的销售额会有多少。

接下来分析一下最差情况，也就是一切都不顺利的情况。对于EASE OFF来说，来店里消费的客人很少，价格也下降就是最差的情况。在这种情况下，也要思考可能会恶化到什么程度，计算出销售额。

将计算得出的最佳情况和最差情况的销售额代入模拟中，根据这一数据对成本等项目进行必要的调整，确认月底现金余额是多少。

从结论上来说，虽然因事业的类型不同也会有所差异，但不论最好的情况还是最差的情况，资金需求往往都比通常更多。如果业绩好的话，为了大量生产和销售，原材料等的采购成本以及工资成本都会增加。特别是必须有产品库存的事业，为了保证库存，运营资本必不可少。为了覆盖增加的支出，对资金的需求也有所增加。

另一方面，如果业绩差的话，仅靠销售额无法支付房租、员工工资等必要的支出。最理想的状态是，要准备出不管最佳情况还是最差情况都充足的资金。

三、盈亏平衡点分析

在进行事业模拟的同时，还要进行盈亏平衡点分析，搞清楚需要取得多高的销售额事业才能开始盈利。

通过 EASE OFF 的案例可以看出，在成本中包含不论销售额多少都要支出的一定额度的成本（会计术语称其为固定成本）和因销售额发生变化的成本（变动成本）。固定成本一般指房租、临时工以外的员工工资等，变动成本是指材料成本及采购成本等。

即便销售额很少，也必须支付固定成本，所以当销售额少的时候，损失就会很大。另一方面，即便销售额增加，固定成本也不会增加。虽然销售额增加，变动成本也会增加，但变动成本的增加幅度要小于销售额的增加幅度，因此销售额越多，利润越大（图表4-19）。找出盈亏平衡点，也就是使收支为零的销售额非常重要。

图表 4-19 固定成本和变动成本

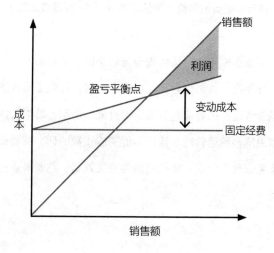

在计算固定成本、变动成本率以及盈亏平衡点的时候，常用的是核对账目法和回归分析法。

核对账目法是比较简便的方法，比如广告费属于固定成本，原材料成本属于变动成本。在会计账目中固定成本和变动成本有明确的区分。

而回归分析法是指预测各月的销售额和成本，画回归线来计算出固定成本和变动成本率的方法（请参照图表4-20）。但使用这个方法的前提是，固定成本和变动成本率在这一期间内不发生太大的变化。

计算出固定成本和变动成本率之后，可以通过以下公式计算出盈亏平衡点。

盈亏平衡点销售额 = 固定成本 ÷（1− 变动成本率）

那么，假如在模拟中，运营现金流总是成不了正数的话（销售额无法超过盈亏分界点）该怎么办呢？在这个时候，首先要检查销售额和成本的预测是否合适？销售额是否设定得过低？房租、员工工资是否设置得过高？如果调整后运营现金流还不能变成正数的话，就要检查事业计划本身是不是有什么问题。模拟的最终意义就是，判断事业计划是否真正能够实现。

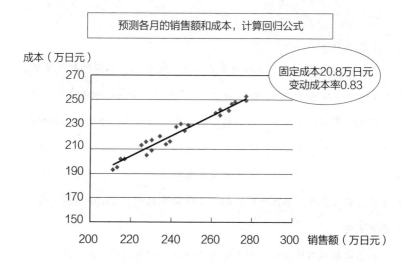

图表 4-20 通过回归分析法计算固定成本和变动成本率

预测各月的销售额和成本，计算回归公式

成本（万日元）

固定成本20.8万日元
变动成本率0.83

专栏：贷款和发行股票：采用哪个方法？

当通过模拟发现资金即将不足时，就必须尽快准备筹集资金。筹集资金往往需要很长时间，所以如果不早做准备，到关键时刻就有拿不出资金的风险。

对刚刚起步的事业来说，筹集资金的方法大体分为贷款和发行股票两种。这两种筹集资金的方法各有利弊，应该选择哪种方法不能一概而论，要根据筹集资金的目的、企业的经营方针和经营计划选择合适的方法。

接下来，笔者将分别对这两个方法的利弊进行简单的论述。

一、贷款（难易度）

有实际业绩的企业在启动新事业之际，想从银行取得贷款并不难。因为企业拥有可以作为借款担保的资产，而且也有交易记录等实际业绩。

但既没有担保也没有实际业绩的新企业，要从银行等金融机构贷款就没那么容易了。在这种情况下，只能想办法让银行相信自己，或者灵活运用国民生活金融金库、日本政策金融金库（原中小企业金融金库）、工商组合中央金库、工商会议所的"小规模事业者经营改善资金"等公共金融机构。

要想获取银行的信任，创业者需要制定合理的商业计划，或者在客户中有信用度很高的大企业。另外，通过银行申请信用保证协会的债务保证得到融资，也是个十分有效的办法。

二、发行股票（难易度）

如果是企业开展新事业的话，可以采用让母公司出资的方法。如果是新成立企业的话，可以采用请求朋友、熟人出资、寻找天使投资、接受公共机构的投资、让风险资本投资等方法。

要让风险资本或公共机构投资的话，审核与办理手续等会花费大量时间，在急着用钱时并非合适的方法。但反过来说，如果能够得到风险资本和公共机构的投资，也有更容易获得银行信任的好处。

三、贷款（成本）

如果从银行等金融机构借款的话，每年必须支付利息。如果是信用不高的新企业，利息会更高。而且贷款越多，需要偿还的金额越多，破产的风险也更大。

但支付利息也有好处。与发行股票筹集资金相比，贷款因为需要支付利息，所以需要缴纳的税金也少一些。支付的利息就是损益表中的"营业外支出"。因为利润减少了，所以税金也会相应减少。

四、发行股票（成本）

和贷款不同，企业发行股票不需要支付利息。虽然企业必须向股东支付红利，但在没有盈利时通常是不分红的。另外，分红的金额由企业决定。不过，股票分红无法享受税金上的好处，因为分红是从扣除税金后的最终利润中支付。也就是说，在计算税金时，完全不考虑支付红利的因素。

另外，这个结论仅限于现金的支出，实际上发行股票的成本要高于贷款的成本。因为股东需要承担更大的风险，如果回报达不到股东的期望，股价的估值也会下降。

五、贷款（控制）

如果从银行贷款大量的现金，银行会对企业的经营发表意见。

六、发行股票（控制）

　　股东根据出资比例拥有决议权，会相应地影响企业的经营。如果创业者拥有的股份不足发行股票的50%，就无法完全按照自己的想法决定经营方针。

财务计划和管理

要 点

新事业启动并进入运营阶段后，商业计划中的销售额和利润就会变成真正的现金。此时，如何管理现金，以及如何根据现实的销售额和收益情况调整财务计划就成为急需解决的课题。除了日常的企业管理之外，还需要以每个月或者每季度为一周期制定财务计划并进行管理，构筑起让事业顺利发展的机制。

案 例

娱乐图形公司（EG公司）是从事软件策划、销售的公司，特别擅长提高活动会场、主题公园等视觉效果的电脑图形业务。

EG公司的创始人，同时现在担任社长的石井，原来是某大型娱乐企业S公司的员工。石井在S公司工作了八年左右，从事游戏软件的图形开发设计师，主题公园的策划和运营。在S公司工作期间，石井对自己的策划能力和行动力充满了自信，很快这种自信就变成了自己创业的激情。2009年，石井决定成立EG公司。

起初，EG公司的经营非常困难。在刚开张的几个月，石井忙得连睡觉的时间都没有。创业之初，石井与从某大型广告代理公司挖来的清原两个人一起从事营业活动，但一直找不到客户，有一段时间每天的销售额都是零。不过从夏天开始，情况发生了变化。公司开始接到几个小订单，9月份终于有了第一笔销售额。

虽然销售额开始顺利增加，但支出也随之增加。石井在会计和财务方面基本是个外行，非常不擅长烦琐的资金管理工作。尽管他也知道财务和资金管理工作非常重要，但总是不由自主地将逐一检查财务支出等重要的作业推迟。10月份以后的销售额总算有了起色，石井下定决心聘用一个能够将会计和财务等经营管理方面的工作放心地托付出去的人才。他通过大学时候的熟人介绍认识了松本，并成功地说服松本加盟EG公司。

* * *

松本大学毕业后在一家经营数据库及开发支援工具的外资软件公司工作，积累了会计、财务方面的丰富经验，最近还参与到经营计划的制定之中。另外，松本还在工作的同时到经营大学院进修，非常希望将来能够在风险企业工作。他和石井一拍即合，决定在EG公司实现自己的梦想，全权接手了该公司的经营管理工作。

进入EG公司后，松本从填汇款单、管理小宗现金等日常工作，到财务计划与管理，为石井提供了全方位的支援。年底，当EG公司的资金快要用尽时，松本制定了周密的商业计划从银行取得融资，成功地化解了公司的危机。

2010年，EG公司开始步入成长轨道。一家生产滑雪用品的大型制造商将新产品公布会等业务交给EG公司来做。法国的女装制造商也委托EG公司宣传新的女装产品系列。在销售额持续增长的情况下，石井也感到干劲十足。

然而在4月份的某一天，松本对现金流进行预测时不禁大吃一惊。"这样下去的话，5月底资金还会出现短缺，必须赶紧告诉石井。"松本制作的现金流量表对石井来说过于专业，于是他又制作了用来通俗易懂地进行说明的图表4-21。

傍晚，松本开始向石井说明情况。

"石井先生，这样下去的话下个月底之前资金又会出现短缺。"

"哎？不会吧。去年年底刚借了款，今年的销售额增长很快，连我自己都不敢相信，怎么可能出现资金短缺呢？"

石井的脸上出现大吃一惊的表情。

"是的，确实销售额增长非常顺利。"

说着，松本拿出图表4-21的销售额推移图。

"但请看一下现金流。销售额从1月份开始一直在增长，但实际入账是从这个月底开始。我们必须支付迄今为止花费的各种成本。到5月底会有少量的资金短缺。"

图表 4-21 EG 公司2010年上半年的预测

销售额的推移

（单位：千日元）

	1月份业绩	2月份业绩	3月份业绩	4月份业绩	5月份业绩	6月份业绩
月销售额	4200	6900	13100	15300	12000	17500

现金流的推移

（单位：千日元）

	1月份业绩	2月份业绩	3月份业绩	4月份业绩	5月份业绩	6月份业绩
期初现金与活期存款	19680	16768	12656	3566	482	−2033
应收账款入账（营销活动）	2350	1550	2200	3300	5900	12100
应收账款入账（主题公园）		0	0	0	0	0
应收账款入账（其他）	0	300	550	900	1000	1000
入账款合计	2350	1850	2750	4200	6900	13100
应付账款（CG 制作）	940	740	1100	1680	2760	3930
应付账款（其他）	752	592	880	1344	2100	3200
支付工资	1350	1380	1380	1740	1660	1350
支付房租	1100	1100	1100	1100	1100	1100
支付其他经费	1120	2150	1380	1420	1795	1200
偿还贷款	0	0	6000	0	0	0
支付合计	5262	5962	11840	7284	9415	10780
收支合计	−2912	−4112	−9090	−3084	−2515	2320
期末现金与活期存款	16768	12656	3566	482	−2033	287

　　"真是难以置信。因为赚了钱，我还考虑让派遣公司派名女职员来呢……看来暂时是摆脱不了和尚庙的现状了。算了，先不说这个。给我看看现金流量表。"

　　石井满腹狐疑地看着现金流的数字，一副难以置信的表情。但经过松本反复耐心讲解，石井的表情终于缓和下来。

"也就是说，6月以后总会有现金收入，是吧？问题是在那之前资金不足的部分……不过，松本君的话总会有办法的吧，这件事我就拜托给你了。"

看到石井终于理解了资金不足的现状，松本稍微松了口气，但紧接着他又为如何筹措资金犯起愁来。

"该怎么办呢？还是像以前那样拜托商业银行的高桥吗？还是拜托生产裙裤的厂家，让他们允许我们延期支付下月末的款项……"

注：本案例根据实际存在的企业制作，在不影响关键内容的范围内进行修改。另外，在文中使用的数值和实际情况不同。

理论

新事业启动之初，新事业负责人往往十分忙碌。保证业务谈判取得成功、开拓新的业务客户等工作堆积如山。在这种情况下，从烦琐的财务管理工作中解脱出来，大概是每一位新事业负责人的心声。况且新事业负责人大多是营业或技术领域出身，一看到会计和财务工作就犯愁，这种心理越发地让他们对财务管理工作敬而远之。

但身为组织的领导，当然不能让公司破产。导致公司破产的主要原因就是现金流断裂。为了避免出现这种情况，必须以现金为中心制定完善的会计和财务计划。虽然如何以有利的条件筹集资金非常重要，但也必须关注如何让筹集来的资金在经营环节中高效地利用起来。

本节将比上一节更进一步思考在事业启动后，如何保证实际的经营活动中现金流不会断裂，以及如何持续产生现金。具体来讲，要制定一个比当初的事业模拟更符合经营实际情况的事业计划。另外，即便是以现金为中心的财务计划和管理，也要将关注的焦点放在如何顺利实现事业循环上。接下来，笔者将以更接近实际业务的观点进行论述。

一、财务计划、管理和 PDCA 循环

正如我们在案例中看到的那样，新事业即便在会计上取得了销售额，出现现金短缺的可能性也很大，甚至还有黑字破产的企业。由此可见，针对现金流制定计划，认真管理实际的资金支出和收入非常重要。

为了计划和管理现金，必须让 PDCA 的循环扎根于事业活动之中。所谓 PDCA 循环，是指制定计划（Plan）、执行计划（Do），观察结果（Check），反映在下一个计划中（Action）的循环（如果这个循环顺利，就会如图表4-22所示，现金也随之增加）。

在新事业实际运营过程中，往往会遇到意想不到的情况。在这种情况下，每次都需要调整计划的数字。虽然这项工作非常烦琐，但也不能因此就放弃对数字的调整，或者不再制定计划。如果平时能做好计划和管理工作，就能够事先觉察到变化和意料之外的情况，从而能够采取应对措施。另外，这也有助于经营者积累决策和管理经验。

图表 4-22 现金流和 PDCA 循环

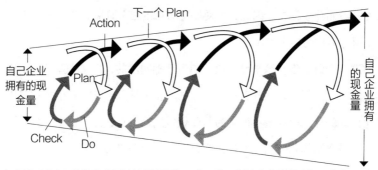

下一个 Plan

Action

自己企业拥有的现金量

Plan

自己企业拥有的现金量

Check　Do

如果将 PDCA 作为事业活动的循环贯彻下来，就可以让企业取得成长，企业拥有的现金量也会随之增加

　　财务计划是描述"经营应有状态"的未来预测图，而以实际业绩为基础的财务管理则是如实反映经营活动实际情况的镜子。将计划和实际业绩联系起来的桥梁便是 PDCA 循环。

二、事业计划和财务计划

　　为了将上一节中讲解的现金流模拟有效地应用在 PDCA 循环之中，需要对模拟进行改善，使之转变为更完善的事业计划。而财务计划则是事业计划的基础。

　　在财务计划中，现金流也特别重要，但并不能因此就单独对现金流进行计划和管理。现金流量表基本上是以同一会计期间的损益表和资产负债表的数字为基础制作的，也就是说，这三个财务表的数字是相互关联的，不能独立存在。因此，即便制定短期的财务计划，最好也将上述三个财务表作为一个整体。

这三个财务表应该是以事业计划为基础制定的，反映事业计划的内容。因此，必须明确财务表和事业计划的相关性，也就是各个数据是以事业计划的什么前提条件得来的。要想做到这一点，除了三个财务表之外，还需要制作几个相关的补充资料。三个财务表和事业计划、相关补充资料的关系如图表4-23所示。

图表 4-23 事业计划与财务计划所需要资料的关联图

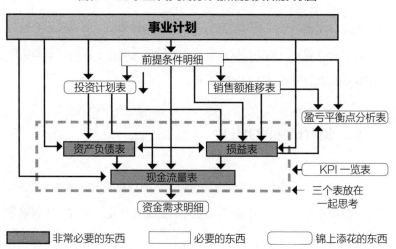

其中，"损益表"和"现金流量表"已经在第二节的现金流模拟部分提到过，这里不再赘述。

关于"资产负债表"的详细内容，请参照 MBA 轻松读：第一辑《管理会计》及其他会计方面的专业书籍，在这里笔者仅从计划和管理的角度进行简单论述。虽然在事前的计划阶段，很少制作预测资产负债表，但在事业开始运营之后就需要制作预测资产负债表了。

另外，笔者也将对相关补充资料进行说明。

(一) 资产负债表

资产负债表资产部分的明细显示的是现金的使用情况，负债与净资产部分的明细显示的是现金从何而来。也就是说，资产负载表从两方面反映出"现金的情况"。

另外，利用资产负债表的数值，还可以计算出 ROA（总资产收益率）和 ROE（股东资本收益率）等经营指标，通过这些数值可以看出手头的现金或资产是否得到了有效的利用。在财务计划中，经营者往往更关注损益表，但实际上资产负债表也需要注意。

(二) 前提条件明细

前提条件明细，是指在事业计划的内容中，制作三个预测财务表所需的必要前提条件的明细。比如以下的内容。

・产品 A 所属的市场规模在明年将达到年间100亿日元，目标是在其中获得10%的市场份额；

・广告宣传费维持在销售额的4%；

・应收账款的周期平均为90日，也就是说当月的销售额将在三个月后以现金方式入账。

像这样做好明细，当计划和实绩出现偏差的时候，就可以及时地分析原因。此外，在发生计划外的变化时，还可以通过变更前提条件，模拟对业绩产生的影响。好不容易制作的财务计划，如果不理解是在怎样的前提下形成的话，就只是单纯的数字组合罢了。

（三）销售额推移表

通常在损益表中，销售额往往统一在一个项目中，或者最多只显示几个项目。但从销售额的特点来看，只用一个或几个项目，很难对其进行计划和管理。销售额是经营战略特别是市场营销战略最真实的表现，很容易因市场环境的变化而发生巨大的变动。

特别是在新事业中，销售额的变动对现金流的影响也非常巨大。比如销售额远超预期，采购成本也相应增加，正如案例中显示的那样，在销售额以现金的形式入账之前，需要先支付采购款等成本部分的款项。两者之间的延迟导致一段时间内产生现金不足的问题。相反，如果销售额低于预期，现金也会相应减少，同样会带来严重的问题。

因此，经营者应该根据销售额推移表，对销售额进行更加细致的计划和管理。销售额推移表分为产品别、地区别、店铺别等许多形式，需要根据事业类型选择最合适的形式。关于详细的制作方法和具体案例，请参考销售额预测方法及图表4-1。

（四）盈亏平衡点分析表、投资计划表、资金需求明细

这些资料也应该尽量包括在商业计划之中。另外，在制定企业内部财务计划时，这些资料作为附加的经营信息对决策也大有帮助。

在前一节中笔者已经对盈亏平衡点进行过分析，这里不再赘述。投资计划表是按照事业计划显示什么时候、进行多少、什么内容的投资等信息的表格。资金需求明细则是表明什么时候、什么目的、需要多少现金的表格。

（五）KPI（关键绩效指标）一览表

KPI（关键绩效指标）是用来掌握事业是否在顺利运营的指标。KPI既有像销售额那样可以通过上述财务表直接表示出来的，也有像顾客满意度、投诉次数等没有在财务计划书中直接表示出来的。近年来KPI的重要度不断提升。

财务计划是事业计划的基础，是事业计划中不可或缺的内容。除了计划之外，还要用同样的格式制作出与计划对应的实际业绩数值，比如

损益表、资产负债表、现金流量，以及其他的财务资料（特别是销售额推移表）。

这样一来，就可以更容易对计划值和实际业绩数值进行对比，当发生问题时更容易找到原因，及时地采取行之有效的应对措施。这些资料是让 PDCA 顺利循环的必要工具，也是筹措资金的有力武器。

三、各个期间的财务计划与管理

在财务管理中，因周期不同管理方法也不同。由于新事业的发展速度很快，所以最好按照以下的周期进行财务管理。

（一）每天或者三天至一周

每天的支付金额和支付时间基本可以由企业自己来控制。因此，负责人进行统一管理应该不是很困难的事情。需要注意的主要有以下四点。

• 以每天为单位，每当银行账户中有收支款项时，利用电子表格程序将金额和内容记录下来，用于企业内部的资金管理。表格的格式和银行的存折相似，不同之处在于，其中不仅记录银行账户实际收支情况，还要记录今后一周以上的预测收支情况和以每日为单位的预测余额。此外，企业内使用小额现金的时候，也要单独进行同样的管理。

• 企业内部资金管理表的内容，必须与银行的存折以及实际小额现金的余额相匹配。原则上必须每天进行对比检查的工作，此外，还要尽可能地让负责人以外的人对管理表进行抽查。

• 有时候入账的金额和时间可能和预测不符，对于可能影响到现金流的入账，应该提前向付款方进行确认。

• 考虑到与银行之间的往来比较频繁，应该在距离企业较近的银行开设主要账户，并与其保持密切联系。

（二）每月

在进行上一周期的基础上，还需要灵活运用 PDCA 循环，以月为单位对盈亏和现金流进行管理。

虽然各个行业的情况有所不同，但现金流动的规律基本都是以一个月为单位。比如，每月25日支付工资，每个月缴纳税金的日期也是固定的。除了这些基本规律之外，有时候某些事业活动的规律性也是以月为单位。比如，应收账款的入账和应付账款的支付大多集中在月底。因此，是否掌握这个规律并将其充分应用在自己企业的经营当中，对业绩和财务体系会造成很大的影响，而只有客观地观察每个月的数字才能够发现其中的规律。

按月次进行管理，也是向外界做会计报告时的结算单位。同时，这也是企业内部把握计划和实际业绩偏差时，最容易理解的时间单位。也就是说，在按照期间进行财务管理时，月次是最基本也是最重要的单位。

（三）每三个月

虽然每月进行财务管理非常有效，但是从管理事业流程的角度来看，三个月是更有效的周期单位。有时候以一个月为单位进行观察看不明白的事业流程，换成三个月为单位进行观察之后是就一目了然。

比如前文中的案例，即便在某个月取得了销售额，但现金实际到账是在三个月之后。以三个月为单位进行观察，才能看到从销售到销售款入账这一完整的事业流程。

换个角度来说，针对三个月以后发生的变化，如果在现阶段提前思考对策的话，大多都能应对。特别是刚刚创业不久的企业，要想筹集大量资金，在借款交涉中会花费大量的时间，必须提前做好准备。处于成长期的企业因为变化剧烈，三个月的计划周期往往相当于大企业通常情况下的一年时间。

（四）每年乃至三五年

以年为单位的话，企业变化的程度也更大。在年度事业计划中，往往会制定较大的经营目标，这在财务计划中也会表现出来。

特别是对处于成长期的事业来说，"下一年度销售额翻倍"之类的目标也绝非痴人说梦，为了企业的发展也必须进行投资和筹措资金。因此，要根据经营者积极的经营目标从大局角度制定年度计划。另一方面，年度财务计划必须使用数据来印证经营目标，不能将无论如何都完不成的数据目标作为财务计划提出来。

为了更符合现实，需要将年度财务计划分解到每个月。同时，还要制定三年后乃至五年后的中长期计划，并将其与年度计划进行挂钩。这时制作的财务计划或许会与事业启动前的商业计划发生偏差，但商业活动不是一成不变的，经营者必须根据现实情况，灵活调整财务计划及经营策略，这也决定了企业和事业的成败。

一年也是会计以及税务规则上非常重要的周期，会计和税法上的结算单位都是一年。另外，新事业负责人为了实现长期的愿景，切实地完成每年的年度计划也是非常重要的。

综上所述，在不同的管理周期，制定计划和进行管理的方法也各不相同，关键在于根据自身情况做出合理选择。PDCA 循环也会在这个过程中顺利地进行下去。

四、建立支持财务计划和管理的体系

要想充分发挥财务计划和管理的效果，新事业负责人必须建立起以下支持财务计划和管理的体系。

（一）与注册会计师和税务人员建立信任关系

企业要和自己的注册会计师与税务人员建立良好的关系，让他们及时地在会计和财务方面提出合理意见，办理事务手续。

（二）与银行建立信任关系

与银行建立起信任关系，在必要的时候从银行获得贷款的可能性就很高。但这种信任关系并非一朝一夕就能建立起来，企业负责人必须与银行负责人保持紧密的联系，而且要和银行负责人准确地说明企业的经营状况。另外，当银行要求企业提交各种财务表的时候，一定要满足对方的要求。

（三）聘用会计、财务的计划／管理负责人

企业应该尽早聘用可靠的会计、财务人员。在聘用时应该考虑以下因素。

• 是否了解会计、财务的法律规定和流程？是否能够处理从票据到制作财务报告资料等一系列的实际业务？
• 是否能够从大局角度理解企业的经营？是否能够通过会计、财务数据为经营提供支援。

具备上述两点，工作有热情，而且和经营者相处融洽，聘用这样的人才对企业的经营大有帮助。但也要注意，如果录用超出企业条件的人才（比如初创企业聘用原大型企业的财务部长），其工资待遇会给企业经营带来巨大压力，因此在能力和工资待遇之间找到平衡点也极为重要。

不过，新事业负责人自己也要学习会计与财务的计划和管理，特别是从大局的角度加深理解，并将其应用在经营决策当中。因为不论如何建立支援机制，做出最终判断的都是新事业负责人。甚至可以说，是否能够发挥 PDCA 循环的价值，完全取决于新事业负责人自己。

五、财务计划与管理进展不顺利的情况

在实际的商业活动中，常常出现事业没有按计划发展，导致经营陷入困境的情况。这时，应该尽快搞清楚是计划的哪个前提条件和实际情况不符，以及原因是什么，并及时思考对策加以应对。

当然，因 PDCA 循环的效率不同，应对的速度和成果也有所不同。财务计划和管理不仅能够防患于未然，在应对实际发生的问题时也能够发挥出巨大的作用。

然而在实际的商业活动中，有时可能会陷入束手无策的危机状况。比如不仅手头现金不足，而且连筹措资金进行弥补都非常困难。

好事不出门，坏事传千里。企业经营状况恶化的信息会以超乎想象的速度传到与企业有业务往来的银行和风险资本等利益相关者的耳朵里。如果有一个资金提供方提出苛刻的贷款条件，或者不再贷款，同样的情况发生在其他资金提供方那里就只是时间问题而已。一旦发生这样的事态，企业需要向资金提供方说明现状，让他们理解企业今后的事业计划，否则很难得到资金援助。

在这种情况下，关键在于"如何制定优秀的事业计划"。这里所说的"优秀的事业计划"，具体包括以下几个条件。

· 事业计划的各个部分没有矛盾，逻辑有连贯性。

· 拥有能够证明企业发展前景的新材料，而且有具体的根据。

· 没有偏离迄今为止的事业形态、事业领域、经营战略。也就是说，必须是脚踏实地的计划。

· 拥有完善的财务计划特别是还款计划。

如果资金提供方能够接受这一事业计划并且提供贷款的话，新事业负责人必须通过自身的资质和努力切实地将事业计划付诸实施。在这个时候，要比以前更加充分地发挥 PDCA 循环的作用。

专栏：另一个筹集运营资本的方法

通常，从采购到支付货款之间是有延迟的，这段延迟其实就是筹集运营资本的另一个方法。

比如即便有需要支付的货款，直到支付期限之前，这笔资金会一直留在企业之中（通常称之为应付账款或者未付账款）。像这样滞留在企业中的资金可以投入到其他用途之中。用这个方法筹集来的资金和银行的贷款不同，不用支付利息，也没有提交各种财务表的麻烦。另外，在实际应用中，还可以通过延长支付期限来进一步延长资金留在企业的时间。

　　不过，正如在案例中显示的那样，不管关系多么密切，也应该尽量避免请求对方延长支付期限。这是资金周转非常困难、企业濒临破产状态时，迫不得已才选择的方法，因为如果经常使用这种方法，容易损害与客户之间的信任关系，可能会无法再从客户那里进货。

第

5

章

管理团队和领导能力

绪言：战略由组织实现，组织因人而动

在启动新事业之际，经营者往往非常重视商业战略和资金筹集，对人和组织问题的重视程度则没那么高。组织在成立之初非常精干，或者说必须如此。但精干的组织并不意味着人力管理就很轻松，甚至因为人事问题阻碍事业展开的情况也十分常见。在本章中，笔者将针对人事和组织的问题进行论述。

首先，不论愿景还是事业策略，制定方案并实施的都是人和组织。虽然一个人也能制定商业计划，但是，按照商业计划启动事业并运营，仅凭一个人的力量是远远不够的。当然，让事业维持在一个人就能够完成所有业务的个体事业状态另当别论，但如果以让事业发展下去为前提，就需要招募管理人才，建立能够有效产出的团队和组织。

其次，人是很难替代的经营资源。改良产品、变更筹集资金的手段都比较容易，而更换管理团队的人员则非常困难。而且，想要改变已经形成的组织文化也很困难。因此，必须提前想好要建立什么样的组织、进行什么样的管理，在此基础之上建立管理团队。

本来新事业的优势就在于能够从零开始建立组织，但在实际事业运营过程中，新事业负责人往往会因为人手不足和招不到人而烦恼，无法应对每天繁忙的业务，不得不采取临时措施应对眼前的问题。具有讽刺意义的是，随着组织的扩大，连本来属于优势的高效和灵活性也失去了。

另一方面，有的企业即便在组织扩大之后，仍然在事业展开的速度和开放式交流上保持着创业时的优势。在这样的企业中肯定有优秀的领导者和协助他的管理成员，为了实现高效的团队管理和组织运营而不断地实践和改善。

最后，管理团队不仅是事业运营的主体，也是获得必要经营资源的最强有力的武器。只要管理团队优秀的话，就比较容易获得利益相关者的帮助，而且基本不会破坏与和外部伙伴的合作关系。获得优良的伙伴很难，但失去却很容易。在处理问题上稍有失误，或者在应对上不得体的话，就会与合作伙伴产生很大的隔阂。很多事业之所以失败，就是在自身内部崩溃的同时也失去了优良的合作伙伴。

在本章中，笔者将根据上述内容，对管理团队及作为其核心的新事业负责人所起的作用和应该发挥的领导能力进行论述。

管理团队的状况和领导起的作用

要点

在新事业启动之际，以新事业负责人为核心的管理团队能力具有极为重要的意义。因为新事业负责人是制定并执行战略、调动员工工作积极性、激发员工潜力的核心。极端地说，即便经营战略和商业模式与经营环境不一致，只要有优秀的管理团队对其进行适当的调整，也有很大的可能性将事业引向成功。

案例

大型机械制造商 A 公司的会议室里正在进行视频软件新事业的报告会，出席者包括视频软件事业负责人大桥，项目成员高田和中山，从经营企划部升任部长兼董事的野上，企划科长冈崎和企划负责人宫内，新事业负责董事今村副社长。

听完视频软件事业项目组的报告，副总裁今村满意地说："第一年的业绩超出了当初的预期，可以说是获得了成功。祝贺你们。这一情况我会向社长汇报的，至于下周在董事会上的报告就拜托野上你了。只要把今天报告的内容总结一下就行。"大家全都松了一口气。今村又继续说道："不过，这只是个开始，今后的路还长着呢。接下来才是考验你们的时候。正如在事业刚启动时我说的那样，你们三人要拿出成立一个新公司并努力经营的决心和意志才行！"

＊ ＊ ＊

大型机械制造商 A 公司的视频软件事业，最初是现在的项目组成员之一高田提出的。两年前，A 公司在副社长今村的提议下，开始实施鼓励发展新事业的"内部创业支援项目"，向全体员工征集新事业的创意。员工在提案时不需要上司和所属部门的推荐，充分尊重员工的自主性。

之所以在为数众多的提案中选择高田的提案作为"内部创业支援项目"首选，一是因为从硬件向软件转型符合 A 公司的经营方针；二是因为能够将 A 公司在图像处理系统上的优势与机械生产相结合实现相乘效应；三是高田本人对新事业的成功有着很强的渴望和积极性，同时还拥有视频软件事业所必需的技术、知识以及人脉。

高田是从事图像信息处理系统的技术人员，作为开发项目的负责人取得过一定的成绩。他不仅是一名优秀的技术人员，还擅长将公司内外的技术人员全都团结在一起推进项目的进展，深受周围人的信赖。从个人的角度来说，高田爱好 CG，对电影、动漫、游戏等有关的视频软件非常关注，知识和人脉都很丰富。

但负责推动新事业的经营企划部也有担忧。高田虽然在开发项目的预算管理方面经验丰富，但没有营业和整体统筹的经验。而且，高田的性格很直，虽然有人因此而信任他，但也有人因此反感他，还有人对他有偏见和嫉妒，批判他在把兴趣当成工作。

这项事业离不开高田的工作热情和才能，但要让事业取得成功，还需要统筹事业整体的负责人，这是经营企划部和今村副总裁一致得出的结论。于是，他们坦率地对高田说，"虽说这是你提议的事业项目，但是既然被公司所采纳，就不再是'只属于你的东西'""不论开发出多好的软件，只有得到顾客的认可，作为事业取得成功，才有意义"。高田也对公司的决定表示理解。

经营企划部从公司内部公开招聘新事业的负责人和成员，因为经营层认为积极主动的态度非常重要。经营企划部企划科的成员和高田负责初期筛选，然后与经营企划部长野上以及今村副社长一起进行最终面试。

被选为新事业负责人的大桥，以前是工业用机械部门负责市场营销的科长，入职以来在营业方面取得了不俗的业绩，深受上司、顾客、同事以及部下的信赖。大桥还在 A 公司的美国分公司工作过一段时间，担任一段时间市场营销负责人后，又成为经营企划的实际负责人，为提高美国分公司的业绩做出了巨大的贡献。大桥非常善于管理人际关系，和周围人相处得都十分融洽，同时他还非常善于同顾客以及合作单位进行交涉。他能在理解对方主张的基础上，有理有据地向对方解释自己这样做的原因，获取对方的理解。他的这种态度得到了所有人的信赖和尊敬。如果由大桥来担任新事业的负责人，即便是像高田那样个性很强的人才，一定也能充分地发挥出自身的潜力。

内部招聘的意外收获，是法务部的中山。最初，负责招聘的企划科和高田想要的是开发和营业相关的人。但中山却提出"要将软件变成钱，保护技术和产品的知识产权最重要"，主张用自己的知识和经验为新事业做出贡献。他认为"敢于承担风险固然重要，但必须充分理解可能发生的风险，并想办法降低风险，否则事业很容易失败"。

中山在法务部负责国外的案件，对授权合同以及专利纠纷等知识产权领域非常熟悉。各事业部的营业负责人和技术开发负责人虽然觉得他"太仔细"，但也给出了"充分整理问题点，认真应对"的评价，对他信任有加。中山不仅熟悉法务，对会计、信息技术也很在行。他擅长解读会计数据，不仅从法律层面，还思考对经营会产生什么影响。此外，他还非常关注让整个企业共享信息的重要性。中山从刚入职的时候开始就将律师事务所和委托案件的信息制作成数据库保存。

"中山所说的话非常有道理，新事业正需要这样的人才。知识产权是视频业务的关键。理解风险也是避免出现致命性失败的关键。汽车也要有油门和刹车才能够安心地驾驶，如果只踩油门，就会像在泡沫经济时期的企业那样，早晚会走到僵局。"今村副社长的这番话成为聘用中山的决定因素。

* * *

今村副社长之所以提出"内部创业支援项目"，是因为对 A 公司的现状和将来产生了危机感。A公司在行业内以保守著称，开展业务和产品开发都滞后于竞争对手。虽然每个产品领域的事业部门很强，但从企业整体来看，部门内在开发、营业、管理等方面的合作很差。今村副社长希望通过增加企业内部的活力，为开创新事业提供有利条件，培养出将来的支柱事业。同时，他还计划将担任新事业负责人并取得成果作为晋升的条件。

A公司没有将视频软件事业项目组交给负责图像信息处理系统的事业部管辖，而是由经营企划部直接管辖，也是为了强调新事业是整个企业的课题这一点。公司认为要想开创新事业，准备一个容易开展工作的环境，并给予支持是不可或缺的。

视频软件事业项目组成立于一年前。在项目组成立之际，今村副社长向三个项目组成员强调了新事业对于A公司的重要性和使命。同时他还保证，公司会给予视频软件事业项目组最大的支持，并且不会对项目组的日常业务进行干涉。"但要经常汇报情况，如果是独立的企业，肯定需要向股东和银行进行说明。所以不能因为是内部创业就忽视了这一点，要将公司当作股东。"今村副社长最后又补充道。

在最初的一周，视频软件事业项目组的三人和经营企划部的负责人宫内一起进行团建。目的在于加深彼此的了解，明确视频软件事业的内容和使命，并提出愿景，重新讨论商业计划，确定发展方向。四人以高田的商业计划草稿为基础，进行了彻底的讨论。高田和中山发生了激烈的争论，大桥和宫内从中调和。在最后一天，为了保证在项目组内部以及企业内外的交流效果，四人制定了关于行动和决策的自我约束机制。

团建结束后，四人重新讨论商业计划，设定了当前的目标和行动计划。通过对商业计划的讨论，他们发现在高田的商业计划中也有不足的地方，于是对事业风险的确认及应对措施、市场营销策略、收支预测、资金周转预测、组织战略等部分进行了修改和补充。还明确了作为项目组需要什么样的功能，各个成员如何才能做出贡献等内容。大家都理解了各自的价值观、作用和能力。

看到修改后的商业计划，高田说道："这样一来，我的商业计划就变成视频软件事业项目组的商业计划了。"大桥也笑道："没错。不仅是商业计划，今后一切都是我们三个人的共同事业。我虽然承担全部责任，但这也不是我一个人的事业。现在我们的口号是'朝着梦之队努力'。"

他们以商业计划为基础，制定了每年、每三个月、每月的目标。虽然制定了目标，但因为是新事业，很多事情都难以预测。因此他们没有制定硬性指标，而是决定项目组和成员的优先顺序，定期确认事业的进展情况，如果有必要的话就及时修正计划。另外，除了定期对进展情况进行评估外，在日常业务中如果发现问题也随时进行反馈。

＊　＊　＊

虽说是新事业，但想大规模改变 A 公司的人事制度根本不可能，所以无法设定金钱上的特殊报酬。不过，人事部对项目组做出承诺，如果项目组能完成向董事会承诺的目标，公司会按照每个人的资历支付最高水平的奖金，在人事考核上也会给予最高的评价。项目组内部的评估则结合目标调整的时期，对目标完成度、相互的贡献程度和行动进行评估。正式的人事考核以项目组内部的评估为基础，按照负责人大桥以及经营企划部长提出的建议来进行。

上诉事前准备虽然在最初的两个月耗费了一些时间，但之后无论开发还是顾客开拓顺利进行。擅长管理外部开发者的高田，营业经验丰富的大桥，对风险控制和法律很在行的中山，三个人都充分地发挥出自身的优势。项目组采取的是通过给顾客看样品来摸清顾客需求的方法，由高田和大桥联手来掌握顾客的需求。开发则由高田以丰富的人脉为基础召集外部开发人员，抓住要点进行项目管理。与顾客及外部开发者签订合同时，中山会根据自身和对方的风险设定条件，向对方进行说明，从而得到顾客和外部开发者的信任。因为事先规定出现问题立即交流，三人会在达成一致后才开始行动。如果不能够达成一致的话，则由负责人大桥来做出决定。结果，最初的成品比预计提早完成，顾客也逐渐多了起来。

就这样过了一年。在报告会后，大桥举杯庆贺道："这一年感觉就像过了三年一样，虽然压力很大，但也很快乐。我和高田、中山都有很大的收获，希望一年后不论事业还是我们自己都能取得更多的成长。"

注：本案例根据实际存在的企业制作，在不影响关键内容的范围内进行修改。另外，在文中使用的数值和实际情况不同。

在本节中，笔者将先对管理团队和新事业负责人承担的职责及需要拥有的资质进行论述，然后对现有企业对新事业提供支援的制度进行说明。此外，笔者还将对新事业负责人和管理成员应该意识到的团队管理进行论述，在补充说明部分对近年来颇受关注的"学习型组织"进行简单说明。

一、管理团队与新事业负责人

如果希望将来事业取得发展，从制定商业计划的阶段起就要考虑如何召集创业成员。接下来，笔者将针对管理团队的主要条件进行论述。

（一）管理团队的重要性

优秀的管理团队是新事业获得成功不可或缺的要素。人们往往认为事业取得成功的主要原因是产品、商业模式、技术革新性和优秀的事业战略，但优秀的新事业负责人和管理团队对事业成功的影响同样甚至更加重要。

有人认为，"只要有优秀的创意（或者产品、技术、商业模式）就能获得风险投资"。其实这完全是误解。实际上，比起创意，风险投资更重视新事业的负责人和管理团队。

美国的一位风险投资家曾经说过："我经常考虑向拥有二流创意的一流人物投资，却绝不会向拥有一流创意的二流人物投资。"

美国曾经也有过一段借助高科技浪潮，重点投资产品和技术的时期，但因经营者缺乏经营能力而以失败告终的企业接连出现。资本从中得到的教训就是"重视人""重视管理团队"。"重视人"和"重视人品"的概念稍有不同。虽然这并不意味着可以无视人品的因素，但关注的重点还是放在经营事业的能力上。

建立管理团队的意义何在？用一句话概括就是，"每个人都有擅长和不擅长的领域，有能力也有局限性，一个人能做的事情是有限的"。如果只有新事业负责人一个人在努力的话，那么他的能力局限就是整个组织的局限、发展的局限。在思考商业计划之际，为了满足管理整个事业所需要的能力，必须建立最合适的团队。

（二）管理团队的构想

制定出商业计划和事业战略，明确事业发展的方向后，就该思考建立管理团队的事情了。不管事业战略多么完善，如果忽略了管理团队的构建，在新事业启动后必然会经常出现问题。如果在这个时候才匆忙地招聘所需的人才，因为时间紧张，往往找不到合适的人选，进而影响事业的发展。

图表5-1：管理团队的建立

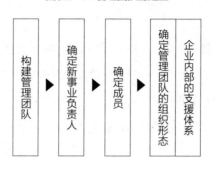

在构建管理团队时，首先要考虑为了将事业战略付诸实施需要采取怎样的行动。其次，要弄清楚为了执行事业战略，组织应该具备的能力水平，也就是明确需要做什么以及做到什么程度。最后，要思考为什么需要这些能力，取得竞争优势的重要能力是什么以及组织内应该拥有的能力是什么。在这一阶段，还可以找出哪些是可以外包出去的业务。

除了组织所需要的能力之外，还要考虑构筑怎样的组织文化。换言之，就是明确"想建立拥有怎样氛围的组织"。比如，是能够自由发表意见的组织，还是按照新事业负责人的指示统一行动的组织；是想给人留下自由的印象，还是给人留下纪律严明的印象。

如果从事的是容易给人留下脏、累、危险等负面印象的事业，而新事业负责人希望将事业形象转变为干净整洁、待客态度好、员工能够带着自豪感工作等正面印象，就必须培养重视整洁感、礼貌，以及专业意识的组织文化。只要明确想要的组织文化，那么符合或者能够创造这一组织文化的人的性格特点也会相应地变得清晰起来。

　　如上所述，通过掌握组织所需要的能力和组织文化，就可以明白管理团队所需人才的能力、性格以及价值观。在选定新事业负责人和团队成员时，就会清楚需要什么样的人才，希望他发挥什么作用。另外，风险企业在负责人录用成员时，不能认为"自己不喜欢做的事情让别人来做"，而是要端正态度，认识到"这件事情对事业的成功不可或缺，但是自己做不了，需要借助外面的力量"。

图表5-2：管理团队的构想

```
        愿景、使命、经营理念、
            事业战略
              │
    ┌─────────┴─────────┐
理想的组织文化        必要的组织能力
                     （质量和水准）
    └─────────┬─────────┘
              ▼
组织所需要的人才      新事业负责人自身的能力、
                       性格、价值观
    └─────────┬─────────┘
              ▼
        管理团队所需要的人才
```

在确定管理团队的人选时，需要注意成员之间的互补性。如果管理团队里都是相似的人，就容易出现思想偏激、价值观僵化、难以适应外部变化等弊端。

即便技术是保证竞争优势的关键，但如果管理团队成员都是技术出身，便容易只关注研究开发，忽视把握顾客需求、营业和筹集资金等重要的管理工作，事业很快就会陷入困境。

然而，如果知道组织需要什么样的人才，就会有意识地召集具有互补性的异质人才。本田汽车的本田宗一郎和藤泽武夫、索尼的井深大和盛田昭夫的搭档，都是技术人员和经营管理者的组合，也都是典型的成功案例（盛田昭夫虽然原本是技术人员，但是比起技术水平，他的经营管理能力更加优秀）。

那么，成功的管理团队，究竟是怎样的组合呢？目前，还没有关于这一问题的明确答案，恐怕将来也难以有个定论吧。但是，笔者总结了新事业负责人应该关注的要素，希望为大家提供一些参考。

• 一些优秀的事业家未必有很强的逻辑推理能力，因此他们常常找一个逻辑推理很强的人做搭档。

• 管理团队成员所擅长的领域应该尽量分散，能够覆盖全部企业活动，这是最理想的。比如擅长制定计划的企划负责人，善于构筑人际关系的销售部长，能够在紧急时刻做出正确决策的开发部长。如果管理团队中全都是相似的人才，在判断上就容易出现偏差，组织也容易僵化。

•如果管理团队的成员都对新事业负责人唯唯诺诺，事业就很容易失败。虽然让意见达成一致非常重要，但这种一致必须是经过充分讨论后得出的。

•同样，"过于民主"的管理团队也不会成功。因为在没有明确信念的情况下进行多数表决就会走上"众愚政治"的道路，负责人的明确决策是必不可少的 。

（三）决定新事业负责人

明确管理团队的结构后，必须决定新事业负责人。对风险企业来说，创业者就是新事业负责人。但对企业内部启动的新事业来说，决定新事业负责人的过程非常重要。

新事业负责人是能够胜任管理的"经营者"，是引领管理团队前进的带头人。如果这个人过去有成功启动新事业的实际业绩，那么他就是最理想的人选。风险企业研究第一人，巴布森学院名誉教授 W.B. 拜格雷夫指出，创业者应该具备以下两个重要能力。

•拥有在同一行业或者类似行业工作的经验：如果新事业负责人没有在该行业的经验，就必须在事业启动前掌握相关业务，或者找到有经验的合作伙伴。

•作为管理者的经验（特别是承担过预算和盈亏等责任的经验是最理想的）：如果是没有做过管理者的人，虽然不能一概而论地说不能够把这项事业托付给他，但也应该慎重考虑。

　　之所以对"经验"有要求，不仅因为对行业和管理的知识是必要的，还因为是否具有发挥过管理能力的实际业绩非常重要。

　　需要注意的是，即便是在过去取得过实际业绩的人才，如果仅是作为专家取得的实际业绩，而没有管理方面的实际业绩的话，也不适合做新事业的负责人。

　　这里所说的专家是指新事业主打产品技术的开发者，以及热点内容的企划负责人。如果只是具有研究开发、策划或者将技术产品化这样的经验，可以作为相应功能的责任人，但未必适合整个事业的管理工作。另外，管理经验也不仅要有销售方面的经验，还要有成功为企业带来利润的经验。如果让研究开发负责人或者企划负责人成为新事业负责人，他们肯能会对特定的产品、技术情有独钟，即便事业进展不顺利，也不能下决心从该事业撤退或者转换经营方针，反而不断地注入经营资源，结果使损失越来越大。

　　另一方面，即便任用有管理经验的人担任新事业负责人，有时候也会失败。因为这样的人可能缺乏在承担风险的情况下做决策并执行的能力。在运行机制已经确立的事业中适应这一机制开展工作，和建立新机制开展工作完全是两回事。新事业负责人必须自己思考解决问题的策略，把握主导权并付诸实践。

　　企业内部启动新事业也需要提前确定新事业负责人。比如直接将项目负责人任命为新事业负责人，或者将产品和服务的开发者、企划者任命为新事业负责人。

然而，这些人有可能缺乏管理经验和能力。在这种情况下，需要在管理团队中加入有管理经验和能力的人才，将管理工作交给他们来做。这样一来，新事业负责人就可以把精力放在自己擅长的领域，或者把精力放在提出愿景、使命和引领成员前进的工作上。

（四）新事业负责人应该发挥的领导能力

接下来，笔者将对新事业负责人应该发挥的领导能力进行说明。这里只讲解新事业负责人应该具备的领导能力，关于领导能力的详细内容请参考 MBA 轻松读：第二辑《领导力》等书籍。

那么，作为新事业负责人必须做的事情是什么？那就是向员工说明"作为企业或者团队，我们也可以这样做"。当然，团队的其他成员也可以提出自己的意见，比如"我们也可以这样做"。最好大家能够各抒己见，最终经过充分的讨论后再做出决策。但做出最终决策，让所有成员都能够理解"的确如此"的，只有新事业负责人。

也就是说，应该从明确企业的前进方向及应有状态并将其实现的角度来确认新事业负责人应该承担的责任。

1.愿景、使命、经营理念的设计及传达

思考追求的目标、应有的状态、使命、经营哲学，以通俗易懂的形式加以说明，和管理团队成员、利益相关者进行沟通交流。

2.确立理想的组织文化

新事业负责人可以在以身作则的前提下，可以反复强调利于形成理想的组织文化的具体内容，制定奖励践行优良行为的考核机制，以此逐步确立起支撑团队的组织文化。同时，还要对团队成员的不当言行进行惩罚，防止负面的组织文化蔓延。

3.聘用人才

聘用人才（包含从企业内的其他组织中借调人员）在新事业启动时期特别重要。新事业负责人要亲自面试应聘者，确认他是否适合新事业的工作。这是为了将拥有共同的愿景、理念、理想，且拥有新事业所需技能的人才吸引过来，同时也能够将不符合要求的人才挡在门外。

新事业负责人在向应聘者介绍愿景的时候，也会更加明确愿景的内容。

4.引领变革

随着环境的变化和事业发展阶段的变化，人和组织也必须相应改变。但在现实中，管理团队往往因为忙于短期目标和眼前的业务，或者因为获得了成功而沾沾自喜、故步自封，在应对变化上落后于竞争对手。因此，新事业负责人必须尽早察知外部环境的变化，向组织传达变革的必要性，并给出变革的方向。

（五）新事业负责人应该具备的必要条件

接下来，让我们以上述内容为基础，思考一下新事业负责人应该具备的必要条件。

1.了解自己

新事业负责人要能够客观地审视自己，了解自己的价值观、技术、背景、关注点、性格以及思维模式。也就是说，新事业负责人要知道自己对什么感兴趣，想做什么事情，擅长什么事情。因为将精力集中在自己擅长的事情上更容易产生动力。

新事业负责人还需要了解自己缺乏的资质和能力及其价值。人类往往习惯于重视自己具备的东西，而忽视自己不具备的东西。要想开创新事业，强大的心理能量是不可或缺的，对自身资质和能力的信心十分重要，但不能因为自信就忽视自己尚且不具备的素质，更不能忽视具备这些素质的伙伴。正因为有所不同，才能够相互补充、相互依存。新事业负责人要对拥有自己欠缺的素质和能力的人表示尊敬，这在录用管理团队成员和其他人才时也非常重要。

2.了解环境和组织的变化

为了创造组织、引领变革，新事业负责人必须能够察知环境和组织变化，分析其原因和问题点，并制定解决方案。为此，新事业负责人需要掌握洞察能力、分析能力、逻辑思考能力、制定战略的能力等，并在实践中逐步提高这些能力。

3.改变自己的角色

理想的领导能力应该随着环境的变化和组织的发展而改变。因此，新事业负责人必须随着环境和组织的变化，思考自己的角色会发生什么样的转变，并在此基础上进行实践。换言之，新事业负责人要拥有自我改变、自我开发的能力。

在创业初期，新事业负责人必须身先士卒采取行动，但是在企业成长、发展之后，新事业负责人就必须像教练一样，对人才进行管理，并引导成员自己思考和采取行动。"组织能够成长、发展到什么程度是由事业负责人的器量决定的。"

4.有效的交流

交流能力是指"准确掌握对方以及自己所处的状况，有效地向对方传达'希望能这样做'这一信息的能力"。这里所说的信息不仅包含以语言为载体的信息，还包含以行动、机制为载体的信息。由此可见，交流的前提就是在了解自己的同时也了解对方。像了解自己一样，也要了解对方的价值观、技术、背景、关注、性格、思维方式（此外，目的、利害关系、职务上的作用、责任、业绩评估和报酬、奖励、周围的人际关系、所属组织的目的、计划等也会影响到人的关注点和行动）。

为了有效地传达信息，在语言表达上必须通俗易懂，有说服力。新事业负责人必须用自己的语言来传达信息，并且确认对方是否理解了自己的意思。"有效"是指在向对方传达信息之后，对方按照自己期望的那样给予回应。即便对方能够理解自己的信息，但对方却给予反驳，不接受自己的意见，就不能说是"有效"。为了向对方有效地传达信息，必须了解对方的情况，选择能够让对方接受的内容和表达方式。

还需要留意的是，交流并非一劳永逸。只交流一次，未必能够把自己的信息传达给对方。交流需要反复性和一贯性。曾任 GE 公司董事长兼 CEO 的杰克·韦尔奇在将六西格玛作为战略核心时，开口必讲"六西格玛"，以此确保别人理解自己。

另外，值得关注的是，什么也不说、什么也不做、什么也不改变也是在传达信息。需要小心的是，像这样心照不宣地传达信息，结果可能会导致传达与自己想法相反的信息。

（六）确定管理团队成员

那么，以管理团队不可或缺的条件为前提聘用新事业创业成员时，应该注意什么问题呢？

主要需要注意四点：能够对新事业的愿景、使命和新事业负责人产生共鸣；工作热情；是否适合这项工作；化学反应。

要想搞清楚应聘者是否符合上述条件，需要新事业负责人亲自反复与应聘者接触，对愿景、使命、商业计划以及成员的责任进行说明，直到对方彻底理解和接受。接下来笔者将分别针对上述内容进行阐述。

1.能够对新事业的愿景、使命和新事业负责人产生共鸣

首先最重要的，就是要需要对新事业的愿景、使命和新事业负责人产生共鸣。愿景和使命是团队要实现的理想和对社会的责任，也是将团队凝聚在一起的精神纽带。另外，如果新事业负责人不能让团队成员产生共鸣，在困难重重的创业时期要维持成员的信任就非常困难。

2.工作热情

开创事业，需要巨大的能量和工作热情。工作热情是指为了实现自己的理想和目的，渴望将计划"实现"的强烈愿望。如果只是抱着"想做有趣的事情"这种想法，一开始可能还好，但难以长久坚持。开创新事业是一个充满挑战且令人兴奋的体验，但也存在着诸多困难。最好不要把困难当作"辛苦"，而应该将之当作"兴趣"来应对事业成功的必经之路。

值得注意的是，如果参与新事业的动机是"因为讨厌××，想换个事情做"这一负面的想法，新事业肯定不会进展顺利。因为"原来的事业（或者大企业）没意思""在现在的单位不受重视"之类的消极动机，其背后往往隐藏着"想做有趣的事情"这一对新事业的期待。然而，如果没有"想创造什么"这一有建设性的动机，新事业也很难坚持下去。

如果是企业内的新事业，要想搞清楚应聘者是否具有工作热情，可以公开招聘管理团队。但不论是公开招聘还是任命，候选人如何在自身职业规划中定位新事业，也会影响到工作热情。新事业负责人必须搞清楚应聘者是因为对这个领域感兴趣而希望尽可能长期工作，还是仅将其作为一次工作体验。新事业负责人可以询问应聘者"你参加这项新事业想得到什么"，从而了解应聘者的动机。

另外，参与新事业在企业内会得到怎样的评价也会影响团队成员的工作热情。在有的企业中，历史越悠久的部门越会把新事业看作"不入流"的业务，而有的企业则把在新事业中取得成功作为跻身企业高层的重要条件。在这两类企业中，员工参与新事业的动机和工作热情是完全不同的。

3.是否适合这项工作

作为新事业启动的成员，是否适合这项工作也很重要。在构筑管理团队的过程中，新事业负责人会发现开展事业需要哪些能力。首先，拥有新事业负责人所不具备的优良素养的人才是最理想的。其次，还要有全面的管理知识，因为所有管理团队的成员都要有管理意识才能够进行讨论。如果连盈亏平衡点和预测收益的意思都不懂，又怎么能进行讨论呢？在新事业启动期，每个部分都相互密切联系，除了自己的擅长领域之外什么都不懂也不关注的人，无法和管理团队的其他成员有效交流。

除此之外，管理团队的成员还需要拥有发现问题、解决问题的能力，以及相应的交流能力。交流分为理解对方的意见和表达自己的想法，这两者缺一不可。另外，熟练利用 IT 技术对提高效率和共享信息也是必不可少的。

要判断应聘者是否有能力，可以参考其过去的实际业绩。实际业绩不仅是"销售业绩第一""曾经负责过几亿日元的事业"等数字，而是这个人"做了什么""创造了什么""改变了什么"。如果这个人有参与新事业并取得成功的经验是最理想的。另外，不是个人英雄主义而是通过团队合作取得成功的经验也很重要。

此外，在新事业启动期，管理团队的成员最好已经具备必要的能力。一般来说，在新事业刚启动的时候，并不具备开发能力的条件，创业成员只能一边从事实际业务一边开发自己的能力。因此，团队成员必须选择有自主提升自身能力的动机和积极性并采取实际行动的人才。

是否能够发挥能力与人才所处的环境有关，因此，新事业负责人必须确认应聘者是否适应新事业的环境。在新事业启动期，琐碎的业务也得自己来做，比如复印资料和发传真等。如果营业的人手不够还得亲自去营业。在发生问题时，不要等部下来汇报或者等上级发出指示，而是自己主动解决问题。另外，在创业初期，效率第一，不要拘泥于权威和面子，要勇于承认自己的失误并进行修改，这种坦率的态度也很重要。

4. 化学反应

新事业负责人还要确认应聘者是否能与其他成员产生化学反应。除了与团队其他成员所具备的能力具有互补性之外，还要能够构筑相互信任、相互交流的关系，能够通力合作。

在招聘新成员之际，必须考虑这一点。

（七）简单的组织形态

组织形态虽然不是商业计划中必须包含的条件，但是对组织的运营影响巨大。笔者在这里做简单的介绍。

在新事业刚起步时，组织的规模大多很小，只有新事业负责人和几个成员而已。但即便人数很少，也要明确责任和分工，并且将其可视化。

或许有人认为这么少的人"没必要画组织图"，但即便管理团队内部明白组织结构是怎么回事，母公司、客户、团队以外的人有可能不明白。而且，团队内部也可能出现责任分工不明确，导致出现错误的情况。

在确定初期的组织形态时，新事业负责人必须思考将业务发展下去需要怎样的机制。启动新事业之际的经营环境是不断变化的，因此，团队成员的分工也并非一成不变，应该按照以下的机制和流程来思考团队成员的分工。

1.建立能够让事业持续性运转的机制

这是统辖整个事业的机制，包括提出愿景、制定事业战略、构筑与利益相关者的关系等。这主要是由新事业负责人来负责制定。

2.产品或服务能够持续销售的机制

包括制定市场营销战略、建立销售渠道、构建营业体系、广告、营业等。

3.核心业务流程

核心业务流程是指产品的开发、试制、采购材料、制造等业务的一系列流程。新事业负责人要亲自实践所有的业务流程，并使之确定下来。与此同时，还要积极鼓励从事各业务流程的成员。此外，构筑详细业务流程的工作可以交给其他成员来做。

4.经营系统

经营系统是指财务、会计、广告、信息系统等整个企业的功能，在大企业里将这项功能称作"总部管理部门"。对于企业内的新事业来说，这些功能大多依靠企业总部来实现。

综上所述，新事业初期的组织形态一般都按照功能来进行划分。新事业负责人总览全局，下设开发、制造、市场营销、管理等部门，按照功能对成员们进行分工。因为管理团队的人数少，很多人可能身兼数职。兼职模式可以根据新事业负责人和成员的默契程度来决定。比如，由新事业负责人兼管市场营销部门，有的成员兼管开发、制造，有的成员兼任管理等。或者是新事业负责人兼管开发和制造，其他成员负责市场营销和管理，可以灵活选择。

在明确责任分工的基础上，管理团队要齐心协力，发现管理上的问题，制定解决方案，并付诸实施。特别是在最初阶段，很多时候必须所有成员都参与进来，比如在为了获得大宗订单而举办的说明会上，就必须全体出动争取成功。

为了最大限度地利用有限的人力资源，应该考虑使用授权（赋予决策权并承担责任）。对于必须利用有限人力资源和其他公司进行竞争的新事业来说，尽早授权是必不可少的方法。授权可以激发团队成员的工作热情，因为成员们通过自主决策能够加深对经营的理解，产生出经营者意识。

授权是一种非常有效的管理方式，不仅能够提高成员的工作热情和主观能动性，还可以拉近决策者和顾客的距离，使决策者进一步关注顾客的需求。未来将进入买方市场的时代，消费者的话语权越来越大，技术及产品的生命周期会不断缩短。为了应对这一态势，更要关注顾客的需求，使组织跟上时代的变化。

另外，授权并不意味着把一切都交给部下做。虽然把某项业务的决策权赋予了成员，但负最终责任的还是新事业负责人。因此，新事业负责人需要密切和成员进行沟通并进行适当的指导。

图表 5-3 新事业初期组织形态的思路

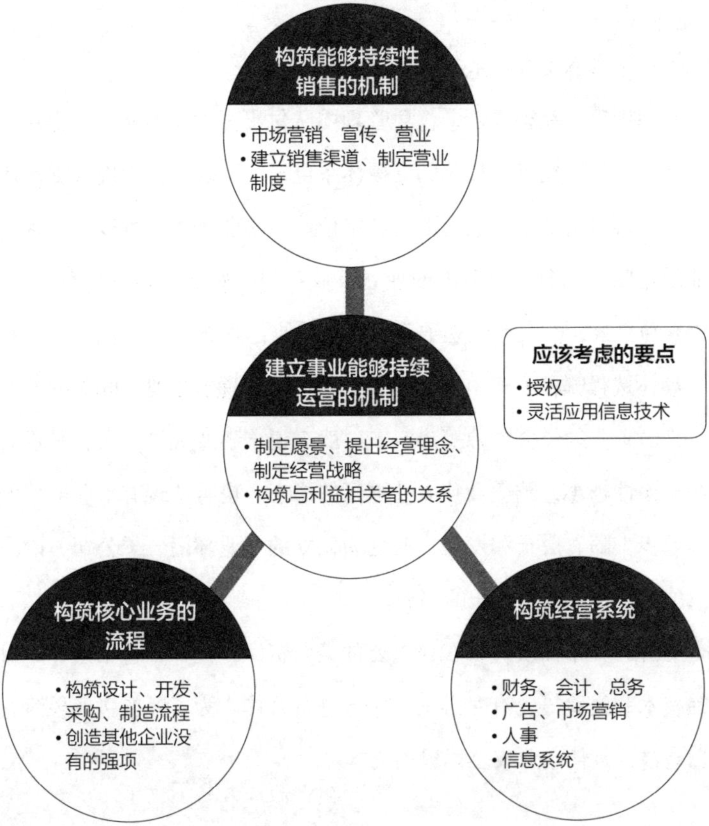

构筑能够持续性
销售的机制

- 市场营销、宣传、营业
- 建立销售渠道、制定营业
  制度

建立事业能够持续
运营的机制

- 制定愿景、提出经营理念、
  制定经营战略
- 构筑与利益相关者的关系

应该考虑的要点
- 授权
- 灵活应用信息技术

构筑核心业务的
流程

- 构筑设计、开发、
  采购、制造流程
- 创造其他企业没
  有的强项

构筑经营系统

- 财务、会计、总务
- 广告、市场营销
- 人事
- 信息系统

二、支援体系

（一）确立支援体系

要想新事业获得成功，仅凭管理团队付出努力是不够的，为新事业提供企业内部支援以及相关的支援体系也极为重要。作为确立支援体系的前提，必须明确新事业的形态和定位。新事业大体上可以分为现有事业部门内的一部分、企业内的独立事业部门、独立公司这几类。另外，在成立独立公司时，有成立子公司和与其他企业进行合并这两种方式。

具体选择哪种方式由预计的事业规模、和现有事业之间关联性的大小、自己企业的经营资源等决定。一般来说，事业规模越大，与现有事业的相关性越小，越适合独立性更高的形态。也有从现有事业部门的一部分起步，随着成长和发展，演变为独立的事业部门、子公司，阶段性地向独立性更高形态成长的路程。

另外，如果需要外部提供重要的经营资源，比如销售渠道、不可或缺的技术和经验等，有时必须与对方进行合作。为了降低事业风险，也可以直接让其他企业或公司提供资本。

图表 5-4 组织图示例

企业内的新事业

独立的事业部，由总部策划部门负责的情况

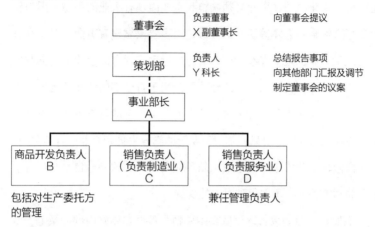

	负责董事	向董事会提议
董事会	X 副董事长	
策划部	负责人	总结报告事项
	Y 科长	向其他部门汇报及调节
		制定董事会的议案

事业部长 A

商品开发负责人 B　　销售负责人（负责制造业）C　　销售负责人（负责服务业）D

包括对生产委托方的管理　　　　　　　　　　兼任管理负责人

注意事项

事项	决策权限		
	事业部长进行决策	企划部长决策	董事会的决策
〜	〜	〜	〜

风险企业

创业者兼任市场营销负责人的情况

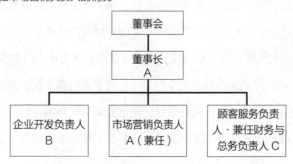

董事会

董事长 A

企业开发负责人 B　　市场营销负责人 A（兼任）　　顾客服务负责人·兼任财务与总务负责人 C

325

对企业内的新事业来说，为什么支援体系非常重要？企业内新事业在能得到资金和其他经营资源的援助这一点上比风险企业更为容易。但与此同时，企业内的新事业必须调整和企业内现有事业的关系。因为新事业要筹措资金和人才等所需的资源，大多要依靠现有事业。对现有事业来说，新事业也是争夺经营资源的竞争对手。现有的事业部门都有各自的目的和目标，将自己部门的经营资源用于自己部门的业务是理所当然的。当有可能发生利害冲突时，新事业负责人不能够打着"新事业对企业来说意义重大，不要只顾部门利益"的旗号去批判企业的其他部门，因为这样做也无法推进事业进展。新事业负责人必须调整自身与现有事业之间的利害关系，争取得到对方的支持。

虽说如此，但如果管理团队将主要精力都放在搞好内部关系上，就无法专心开展新事业的工作。因此，总部必须调整内部的支援体系，让新事业的管理团队能够专注于真正应该做的事。

把握支援体系关键的，是为新事业提供支援的负责部门、负责人和负责董事。为新事业提供支援的部门是特定的事业部还是总部的企划部门，将决定新事业在整个企业中的定位。如果新事业在企业整体的战略上具有较高的重要性和优先性，由总部的企划部门来提供支援就比较合适；如果由特定部门来提供支援，新事业就会被视为该部门的事业。

新事业的负责董事要在企业内部宣传新事业的重要性，并在企业内部进行调整。新事业的决策效率也会受负责董事的影响。因此，最好让影响力大的董事出任负责董事。如果是非常了解新事业的意义，愿意为新事业出力的董事就更理想了。

在追加投资等事业的重要节点，新事业的管理团队有时候必须要说服董事及现有事业部门予以支持。但如果将说服的责任都放在新事业管理团队的肩上，对他们来说负担过于沉重，可能会影响决策效率，降低事业发展速度，导致贻误商机。另外，如果只有管理团队来活动的话，容易被其他事业部门认为是新事业团队在为自己牟利。为了让所有人理解新事业是属于整个企业的课题，企业总部的支援负责部门、负责人、负责董事必须承担起说服的责任。

直到新事业走上正轨之前，尽量不要变更新事业的管理团队，以及为新事业提供支援的内部体系（存在明显失误，变更后肯定会带来更好结果的话则另当别论）。因为变更体系后，适应业务或者构筑信赖关系都要花费大量时间，造成浪费。用和新事业无关的轮岗制度来变更新事业人员是不可取的，因为轮岗更换上来的人员对新事业的热情无法预测。

（二）新事业的报酬制度

对于现有企业的新事业来说，工资和待遇很难超出正常的标准。通常，总公司会将新事业的趣味性和开发自己能力的机会作为激励，而报酬水平则与正常水平相当。特别是作为企业的一部分启动新事业之际，这种倾向更强。

但是，要想激发出更高的工作热情，上述待遇是远远不够的。为了解决这一问题，越来越多的企业开始采用薪酬奖励制度，以及和业绩挂钩的股票期权制、员工持股制度、利润分成制等激发工作热情高的制度。在新事业作为子公司和总公司分离时，更倾向于采用上述制度（有时候也会为了采用独立的人事制度而成立独立的企业）。

这种方法虽然比较合适，但也有值得注意的地方。

首先，和业绩挂钩，也就意味着和企业共担风险。这一制度的优点是"如果业绩提高了，就能获取相应的利润"。反之，如果业绩得不到提高的话，就得不到利润。如果通过股票期权制度和员工持股制度持有股票的话，还有可能出现亏损。

也就是说，新事业和企业是命运共同体，既有获利的可能也有亏损的可能。如果只强调"获利"，假如业绩上不去的话，新事业团队可能会抱怨"跟承诺的不一样"，对总公司产生不信任和不满的情绪。本来，这样的制度只对理解事业风险并且做好承担风险心理准备的人才才有意义。

其次，这项制度存在公平性和接受性的问题。因此，必须向新事业的团队成员们公开业绩情况，而且要把成员的贡献度和业绩评价、薪酬奖励紧密地结合起来。否则就无法得到新事业团队成员的理解，使其产生不公平的感觉，导致不平和不满。

综上所述，为了让与业绩挂钩的评价制度发挥作用，共享愿景和价值观、共享目的和目标、共享信息等前提是必不可少的。如果没有这些前提，仅仅导入制度，制度就只是一具没有灵魂的空壳。

（三）为录用和人才补充提供支援

事业要不断进化和发展。为了不让缺乏必要的人才束缚事业发展，新事业负责人必须对事业的成长速度进行预测，把握必要的人才数量和技术。

比如即便想开设分店，但是没有充足的店铺管理人才，就不得不降低开分店的速度。在条件不充分的情况下，即便勉强开了分店，也会因管理不善导致产品和服务的质量下降，甚至和顾客产生纠纷，降低自身品牌在市场上的评价。因此，如果担心出现人才不足的问题，就应未雨绸缪，提前招聘或者从企业内部进行补充。

不过，虽说在筹集人力资源时，应该由新事业负责人亲自选拔人才，但如果一切都让新事业负责人来做，只会使他本就不充足的时间更加紧张。因此，总公司也应在一定程度上给予支援。通常，总公司的人事部门会提供相应的帮助。

在录用和补充人才时，需要注意的是不要把企业的逻辑强加给应聘者，应该尊重应聘者的职业经历及对其工作的主观想法。当然，这并不意味着要满足应聘者的所有愿望。在听取应聘者要求的同时，也要将绝对无法让步的事情对其进行说明。

图表 5-5 管理团队和支援体系的必要条件

新事业负责人

管理经验和实际业绩

决策和执行的能力

成员

与愿景及新事业负责人产生共鸣

工作热情

适应性

化学反应

组织形态

按照功能分工的简单组织形态

明确分工和职责

灵活合作

支援体系

明确新事业的定位以及在企业中的重要性

- 新事业的形态
- 一个事业部门内的一部分 / 事业部 / 独立的公司
- 负责部门 / 负责人

明确决策权限

补充说明：团队管理

一、理想的团队管理

接下来，笔者对团队管理进行简单的论述。

新事业起步期，管理团队和辅助成员可以说一个团队。管理团队就意味着管理新事业。为了有效管理，将团队成员的人数控制在让全员都能有效交流的程度比较合适。团队的规模虽然不能一概而论，但以25~30人为宜。

要想让团队取得成果，秘诀在于让团队拥有共同的"目的"和"目标"，并通过将其实现使每个成员对团队的成果拥有达成感，创造一个有助于促进相互理解和信任的环境。

首先，必须有一个团队成员共同追求的目的。团队成员分别有不同的能力、个性、价值观，团队的目的具有将成员统一到相同方向的作用。在新事业启动期，新事业负责人制定的愿景和使命就是团队的目的。

只有成员对目的达成共识，并转化吸收后，才会产生强烈的使命感。在团队目的上达成共识后，在对事业进行决策与实行过程中，也能够在价值观和规范上达成一定共识。比如"发生问题之后，首先思考原因和解决方案，然后执行""明确责任，但不予追究""明确问题的原因，不重复同样的失败"等。在这些价值观的基础上，经过长年累月的磨合就会形成组织文化。

其次，为了思考如何行动并付诸实施，能够对达成度进行评价和确认的"目标"也必不可少。目的稍微有些抽象、模糊，且时间跨度比较大；目标比目的更具体，是能够想象到的、近期的、个别的。时间跨度更长的具体目标就是愿景。

目标必须有具体的数字。比如目的是"推广两万日元左右的高性能商务计算机"，那么目标就是"在某年某月开始销售""在 × × 年销售额达到 × × 亿日元"。

有了目标之后，成员就知道应该做什么，也会涌现出完成目标的愿望。另外，设定目标也就意味着将"成功的定义"具体化。如果能够获得成功，团队的每个成员就能体会到成就感，进而就会以更饱满的工作热情向更高的目标前进。团队达成目标的共同成就感，会增加成员对团队的归属意识和自豪感，也会增进相互信任。

从这个意义上来讲，目标的设定水准很重要。目标过低，就有可能落后于竞争对手，而且成就感也很小。相反，目标过高则会让成员们感到"不可能完成"，难以激发工作热情。而且，如果完不成目标的话，成员们就会有挫败感，产生逃避和推诿责任的现象。成员对团队也不再有归属意识和自豪感，甚至对其他成员也会不信任。

另一方面，有了目标就能够评价事业的进展情况。如果在事业的每个时期都有细分化的目标，就可以掌握事业实际的进展状况与当初的设想是否一致。如果按期完成了目标，就可以朝着下一个目标前进。如果不能够如期完成目标的话，则要思考其原因，找出解决方案。

除了对整个事业进行评价外，还要按照贡献程度对每个成员做出评价。不能只关注每个成员的最终成果，还要在过程中确认进展情况，如果有问题要随时进行反馈，商量解决方案，对其行动进行调整。因此，不仅要用结果指标，还要用过程指标（访问次数、合同成功率等）评价每个成员的成果。

在新事业启动期，对任何一个成员来说都充满未知，只能采用试错法，不断总结经验，积累成果。因此，除了将定期评价制度化之外，还要养成在日常工作中针对行动和成果随时反馈，并以反馈结果为根据进行调整的习惯，这对事业的开展是不可或缺的。

为了让成员感到评价合理并接受评价，应该建立一种让每个成员都清楚的透明度很高的机制，其中不仅要包括目的、目标，还要包括具体的成果，即目标的完成情况、销售额、利润等财务业绩。如果成员的实际业绩和贡献程度偏差太大，就会损伤做出贡献成员的工作积极性，也会导致成员对新事业负责人及其他成员的不信任。即便不想让每个成员都知道自己的实际业绩，但因为组织很小，谁做出了多大程度的贡献，大体上都能猜得出来。隐匿信息是导致不信任的主要原因。

对新事业启动期的团队来说，最有效的鼓励不是金钱、地位，而是所有团队成员通过共同体验、分享成功而得到的整个团队的成就感；以及一边从事新事业，一边提高自己的能力，取得成果的实际业绩。也就是说，启动新事业的过程和获得成功对成员们来说是最大的回报。在新事业的每个阶段所取得的成功，即便再小也是"成功"的实绩。团队成员们因这些小小的成功就可以共享成就感，提高士气和相互信任。在此基础上，新事业负责人需要进一步鼓舞团队成员的工作热情，向着更高的目标迈进，使团队实现良性循环。

设定团队的目的和目标并对此达成共识，根据目的和目标采取行动，对事业进展情况进行评价和反馈，对目标和行动进行修正。让这一循环顺利地运转起来，就是创业初期团队管理的基本。

可以说新事业负责人在团队管理中的作用就是促成上述良性循环，促进团队内部的沟通交流，身先士卒采取行动。

图表 5-6 团队管理：团队的良性循环

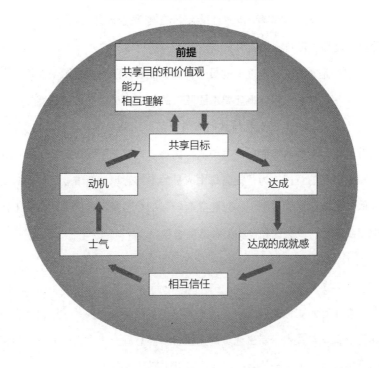

二、评价团队管理的效果

评价团队管理是否良好有各种各样的方法，一般都包含员工的参与度、员工及组织的能力、化学反应这三点。一般来说，重视这三点的团队，其团队管理能够有效地发挥作用。

（一）参与度

为了完成企业或者团队的目标，员工必须主动地投入时间、精力，最大限度地发挥自己的能力。

如果是对事业参与度低的员工，那么能够按照上司指示采取行动完成工作便足够了。但新事业要求团队中的每个成员都能敏锐地感知环境的变化，主动思考，不断与其他成员及整个团队协调，迅速采取行动。只有这样，新事业才能在竞争中取得优势。这需要团队中的每个成员都有积极参与的意识。为了提高每个成员的参与意识，新事业负责人需要采取各种方法激励员工。一旦建立起较强的参与意识，成员就会从工作中得到满足，也会让利益相关者感到满意。

（二）能力

新事业负责人必须牢记，能力不仅与员工个人有关系，还包括组织获得的知识与技术。新事业负责人很容易注意到员工个人的能力，但实际上和竞争对手拉开差距的往往是组织应该具备的能力。

让我们以棒球队为例进行一下思考。球队中个人的能力很容易看出来，如果是击球者，三成的打击率和30个本垒打就算能力很高了。如果是投手，球速150千米的话就算能力很高。那么，在春季集训时应该训练什么内容呢？应该加强选手的什么方面呢？或者新赛季开始前应该做什么准备呢？这些都是棒球队这个组应该具备的能力。不论个人能力有多高，不具备组织能力的球队是不能取得好成绩的。

（三）化学反应

化学反应，简而言之就是成员之间合得来，具体是指每个成员为了提高组织的业绩而与其他成员、组织内的部门乃至整个组织协调的程度。

即便是每个有能力的个人都能主动地采取行动，但方向不统一的话就会相互掣肘，导致无法提高企业的业绩。比如在足球队中，只有前锋拼命努力是无法赢得比赛的。正因为组织能够取得每个成员个人能力总和以上的成果，组织才有存在价值。如果不能做到这一点的话，不仅财务上的数字会难看，也会降低没有充分发挥出能力的员工的工作热情。为了避免出现这种情况，必须在调整组织内每个成员的分工和职责的基础上，最大限度地发挥每个成员的能力。

另外，在评价团队管理时，必须考虑团队管理的效果是否符合投资（不仅指金钱意义上的投资，还包括新事业负责人、管理团队投入的时间、能量）的要求。

比如，一味地严格要求达到销售目标，压低奖金额度，不采取提高员工能力的教育培训措施，虽然能够压缩工资、奖金等成本，在短期内通过低成本实现高收益，但负责营业的员工很快就会辞职，导致无法积累顾客信息和相关经验，还会降低产品和服务水准，导致麻烦不断出现。从长远来看，反而导致成本大幅增加。

补充内容：学习型组织

新事业会接二连三地出现预想不到的问题。新事业部门或者风险企业为了应对将来可能发生的变化，从起步阶段就要以能够自我变革的"学习型组织"为目标前进。只有这样，才能减轻变革带来的痛苦和损失。实现在成长的同时维持高速发展。

关于"学习型组织"的建立方法，请参考麻省理工学院斯隆商学院组织学习中心负责人彼得·圣吉的著作《第五项修炼》等。圣吉列举了五个实现学习型组织的实践课题，特别是将系统思考放在统辖其他课题的位置上。

一、系统思考

系统思考是指不被独立的现象迷惑，着眼于各个要素之间的相互依存性和相互关联性，进而理解全貌及其动向的思考方法。为此，必须将视角从"原因和结果的直线型联系"转向"问题本质的相互关联性"，从"从静止图像式的断片现象"转向"通过变化过程来影响全貌"。

二、自我超越

在明确自己的愿景的同时，冷静地把握现状，从创造性的角度出发，填补愿景和现状之间的偏差。

三、改善心智模式

自省，能够改变对事物及行动的偏见，进而做到客观冷静。将其替换为组织共享的心智模式。

四、建立共同愿景

通过将每个成员的愿景汇总成共享的愿景，构筑出组织成员都衷心希望实现的愿景。

五、团队学习

组织学习的重要单位就是团队，团队在集体自省、学习的基础上，通过讨论做出决策、通过对话研究复杂的问题，在两者间找好平衡至关重要。

"学习型组织"的成员是有着极强专业性的自律人才，不仅能够很好地完成分配到的任务，还非常重视团队精神。思考、决策、执行、自我反省的功能在组织的各个单位中并存，同时又通过有机的网络结合在一起。因此，现场的信息能够得到迅速反馈，应用在发现问题和解决问题上。

另外，学习型组织不是仅靠管理团队的成员来思考问题、解决矛盾，而是组织的所有成员都能解决问题，能够理解和实践自律性与协调性、适应当前环境与灵活应对将来的变化。换句话说，整个组织都具备学习的能力，而且具备排除组织学习障碍的勇气。

个人学习的障碍是"这是正确的""应该这样"等主观偏见。对组织来说也是如此，传统的价值观、规范、无意识中形成的思维框架就是组织学习的障碍。比如，一说起竞争就只能想到和自己企业市场份额相近的特定企业。实际上从顶尖企业到市场份额较低的企业，在市场上都是自己的竞争对手。或许从未想到过的竞争对手正在夺走自己最好的顾客，不同行业的企业或许正在提供和自己的企业一样能够满足顾客需求的产品与服务。

在外人看来，主观偏见或许完全无法理解，但主观偏见一旦在组织中扎根，再想否定它就非常困难。因为主观偏见在组织中就像空气一样，没人去怀疑其正确性。为了不掉入这个认识上的陷阱，必须重视上述五要素，从初期阶段就建立起"学习型组织"。

后　记

　　有人说："经营管理是一个大怪物！"也有人说："经营管理既是科学也是艺术！"对此我深有感触。因为每一个经营决策都需要兼顾众多要素（内外环境，投效比，人和事，情和理，长短期连锁反应），而每一个要素又都变化多端。经营决策中没有什么万能的工具可以让我们"按几个输入键，就可以自动推导出结论"，更没有什么正确答案可以抄袭。所以，企业经营管理这件事就变得万分艰难，初创公司会九死一生，百年企业则成为稀缺品。如何让自己的决策经受住时间和空间的考验？如何在未知和复杂中给"赌博式"的决断增加一些确信？立志成为优秀企业家、管理者的人该如何学习和提升，让自己的经营决策变得越来越科学、越来越艺术呢？顾彼思商学院给出了两个建议：一个是"大道至简"，一个是"抽象和具体"。

　　"大道至简"说的是，尽管相对于其他科学和艺术，经营管理复杂了太多，但是无论多复杂的事物都有其最关键的核心本质的元素。比如说3C的这个框架结构告诫我们，要根据客户需求、竞争对手、本公司的状况来选择本公司的战场和战术，这些元素在任何行业应该都不会有太大差异，把这些元素结构化出来，就让我们找到了判断决策的重点，避免了因为思虑不周而做出的错误决定（道理很简单，但是做起来却万分艰难，事实证明太多的企业都是因为忘记客户需求，漠视竞争对手的变化而被淘汰出局）。所以，管理学专家们倾力将一些原理原则整理成便于记忆的关键字（比如3C），让我们抓住重点，来提升决策的效率。2016年出版的 MBA 轻松读系列就是这一理念下的智慧结晶。这套书也可以说是"至简MBA"，从思考、战略、营销、组织、会计、投资几个角度，把经营决策的重点元素进行了拆分梳理，用最简单质朴的原理原则，把管理的科学和艺术变成可以学习的有规律的结构。这套书一上市就得到了众多读者的好评，也一直在管理学书籍排行榜中名列前茅。

但是，如前所述，经营管理这件事并没有那么简单。行业不同，游戏规则也会有所不同。环境不同，也会让同样决策的结果生出众多变化。要让经营决策这个"科学艺术"不是偶然的成功，而是可以复制的必然，还需要因地制宜地将这些简化了的工具还原到具体的复杂情境中。所以第二个建议就是"抽象和具体"。通过还原到具体的情境，来具体地理解这些概念工具的背景、适用条件和一些注意事项，才能确保我们正确地用这些工具。说白了，管理能力的提升本没有捷径，需要大量试错成本，但是聪明的管理者会努力站在巨人的肩膀上，汲取前人的教训，少走弯路，这就是捷径了。所以，MBA 轻松读：第二辑的重要使命就是要进一步扩充上一个系列的范围和深度，给出更多的商务应用情景去进一步提升知识到能力的转换率。这次的轻松读系列，我们聚焦在如何创造新业务的具体情景中，选择了几个重点话题，包括如何设计新业务的盈利模式（《事业开发》），如何用具有魅力的商业计划书来获取资源（《商业计划》），也包括如何驱动众多的人来参与大业（《博弈论》《批判性思维·交流篇》《商务文案写作》），还包括作为领导者的自我修炼（《领导力》），是经营管理必备的知识、智慧、志向这三个领域的综合体。每一本书都包含众多实际的商务案例供我们思考和练习，我们通过这些具体情境进行模拟实践，降低实际决策中的试错成本，让抽象的理论更高效地转化为具体的决断力。

所以，经营管理能力的提升，是综合能力的提升，这个过程不可能轻松。出版这套书籍的最大的愿景是企业家和管理者们能在未知和复杂的情境中，关注本质和重点，举一反三。企业家和管理者的每一个决策都会动用众多的资源，希望看这套书籍的未来的企业家们，在使用人力物力财力这些资源之前，能通过缜密深度的思考来进行综合判断，用"知""智"和"志"做出最佳决策，来最大限度地发挥资源的效果，让企业在不断变动的环境中持续发展，为社会、为自己创造出更大的价值。

用MBA轻松读，打造卓越的决策脑，这个过程不轻松。让我们一起化繁为简，举一反三！

顾彼思（中国）有限公司董事长

赵丽华

附录：商务常用缩略词表

缩写	展开	中文
3C	Company Competitor Customer	企业、竞争、市场
4P	Product Price Place Promotion	产品、价格、宣传、流通
5W1H	What Why Where When Who How	六何分析法
API	Application Programming Interface	应用程序接口
APV	Adjusted Present Value	调整后净现值法
BATNA	Best Alternative To Negotiated Agreement	最佳替代方案
BTO	Build To Order	接单生产
CAPM	Capital Asset Pricing Model	资本资产定价模型
CCL	Center for Creative Leadership	创意领导力中心
CEO	Chief Executive Officer	首席执行官
CFO	Chief Financial Officer	首席财务官
CMO	Chief Marketing Officer	首席市场官
COO	Chief Operating Officer	首席运营官
CSR	Corporate Social Responsibility	企业社会责任
CTO	Chief Technology Officer	首席技术官
DMU	Decision Making Units	决策单元
EBIT	Earnings Before Interest and Tax	息税前利润
EMS	Electronic Manufacturing Services	电子制造服务
ERP	Enterprise Resource Planning	企业资源计划
FAQ	Frequently Asked Question	经常被提出的问题
FC	Franchise Chain	特许加盟
FCF	Free Cash Flow	自由现金流
HRM	Human Resource Management	人力资源管理
HRO	High Reliable Organization	高可靠性组织
IMC	Integrated Marketing Communication	整合营销传播
IPO	Initial Public Offerings	首次公开募股
IRR	Internal Rate of Return	内部收益率法
KBF	Key Buying Factors	关键购买因素
KISS	Keep It Simple and Stupid	保持简单和愚蠢

KPI	Key Performance Indicator	关键绩效指标
KSF	Key Successful Factors	成功的关键
LBDQ	Leader Behavior Description Questionnaire	领导行动描述问卷
LED	Light Emitting Diode	发光二极管
LTV	Life Time Value	生命周期总价值（客户终生价值）
M&A	Merger& Acquisition	并购
MBO	Management By Objective	目标管理
MBO	Management Buy-Outs	管理层收购
MBTI	Myers Briggs Type Indicator	人格理论
MECE	Mutually Exclusive Collectively Exhaustive	相互独立、完全穷尽
MOT	Management of Technology	科技管理
NGO	Non-Governmental Organization	非政府组织
NPO	Non-Profit Organization	非营利组织
NPV	Net Present Value	净现值
ODM	Original Design Manufacturing	原创设计制造商
Off-JT	Off the Job Training	职业外培训
OJT	On the Job Training	职场内培训
P2P	Peer to Peer	点对点
PDCA	Plan Do Check Act	戴明循环
POS	要点 Of Sales	销售点终端
PR	Public Relations	公共关系
PTSD	Post Traumatic Stress Disorder	创伤后应激障碍
ROA	Return on Asset	总资产收益率
ROE	Return on Equity	股东资本收益率
ROI	Return On Investment	投资收益率
SEO	Search Engine Optimization	搜索引擎优化
SMART	Specific Measurable Attainable Relevant Time-based	明确、衡量、可实现、相关、时限
SNS	Social Networking Services	社会性网络服务
SRI	Socially Responsible Investment	社会责任投资
VC	Venture Capital investment	风险投资
WACC	Weighted Average Cost of Capital	加权平均资本成本
ZOPA	Zone Of Possible Agreement	协议空间

作者简介

日本顾彼思商学院（GLOBIS）

顾彼思自1992年成立以来，一直以"构建人力、财力和智力的商务基础设施，支持社会创新和变革"为发展目标，推进各种事业的发展。顾彼思商学院作为日本最大的一所商学院，提供全英语教学的全日制工商管理硕士课，全英语、日语教学的在职工商管理硕士课，以及企业高层经理培训课程。如今，在日本众多的商学院中，顾彼思以高水准的课程设计、具有丰富商务实践经验的教师团队，以及高质量的服务水平，赢得社会广泛认可。

译者简介

米彦军

广东财经大学外国语学院日语系副教授，硕导，研究方向为日本史；本科、硕士毕业于北京外国语大学，博士毕业于南开大学；曾在东京学艺大学等地做访问学者；出版专著有《日本社区管理模式研究》等；出版的译作有《解说平遥》《云冈石窟与北魏时代》《过劳时代》等。

想象之外 品质文字

MBA 轻松读：第二辑
商业计划

产品策划｜领读文化　　　　　责任编辑｜张彦翔

文字编辑｜陈乐平　　　　　　营销编辑｜孙 秒　魏 洋

封面设计｜刘 俊　　　　　　排版设计｜张珍珍

发行统筹｜李 悦

更多品质好书关注：

官方微博 @领读文化　官方微信｜领读文化